- One Pot -
Kochbuch
- Vegan -

100 leckere Rezepte

Vanessa Trojan

Inhaltsverzeichnis

Vorwort

In diesem Kochbuch finden Sie eine Auswahl von 100 veganen All in One Gerichten, für jede Jahreszeit und für jeden Anlass.

Von der leichten Suppe bis zum deftigem Eintopf sind alle Rezepte vorhanden.

Suppen und besonders Eintöpfe, auch One Pot Gerichte genannt, sind derzeit voll im Trend.

One Pot Gerichte zuzubereiten macht Spaß und ist eine kostengünstige Möglichkeit, gesund und lecker zu Essen.

Bei der Zusammenstellung achte ich immer darauf, auf exotische Zutaten zu verzichten. Auch sind die Rezepte einfach gehalten.

Ich wünsche Ihnen natürlich viel Spaß mit dieser Auswahl an veganen, tierleidfreien Rezepten.

P. S: Auf Bilder habe ich bewusst verzichtet, um die Druckkosten niedrig zu halten und das Buch günstig anbieten zu können.

Hinweise zu den Rezepten

- Die Rezepte sind meist Basisrezepte und können nach eigenem Belieben verändert werden.
- Selbstverständlich sollte man zum Kochen nur Bio-Gemüse verwenden.
- Das Schälen und Waschen der Kartoffel etc. habe ich in den Rezepten nicht extra erwähnt.
- Sollte die Suppe oder der Eintopf zu dickflüssig sein, mit etwas Wasser bzw. Gemüsebrühe verflüssigen und kurz aufkochen.
- Sollte ihnen die Suppe zu dünn sein, einen EL Mehl, wenn es passt auch Kartoffelpüreepulver einsieben und gut verrühren.
- Die Kochzeiten sind Richtwerte. Bei Gerichten, besonders mit Kartoffeln variieren, je nach Größe der Kartoffelwürfel. Außerdem weichen die Temperaturen von Herd zu Herd etwas ab.
- Bei Nudeln immer Hartweizennudeln ohne Ei verwenden.
- Bei Pflanzendrink verwenden Sie ihren Lieblingsdrink.
- Statt veganer Butter kann Margarine verwendet werden.
- Alle Rezepte, falls nicht anders beschrieben, sind für 3 - 4 Personen ausgelegt.

One Pot Gerichte

Koreanisches Tofugericht "Bibimbap"

Zutaten (2 Personen)

- 250 g Naturtofu
- 200 g Champignons
- 1 Karotte
- 5 Radieschen
- 2 Frühlingszwiebeln
- ½ Gurke
- 3 Handvoll frischer Blattspinat
- 1 Knoblauchzehe
- 2 EL Stärke
- 2 TL Sojasauce
- 5 EL Wasser
- 2 EL (Sesam)Öl
- Chilipaste zum Abschmecken
- Sesam zum Bestreuen

Beilage: Reis

Zubereitung

- Gurke, Karotte reiben, Frühlingszwiebel klein schneiden, Knoblauchzehen pressen und Champignons in Scheiben schneiden.
- Tofu abtrocknen und in Würfel schneiden.
- Die Tofuwürfel in Stärke wälzen.
- Öl in einer Pfanne erhitzen und den Tofu darin knusprig anbraten.
- Angebratenen Tofu mit 1 TL Sojasauce ablöschen und nach einer Minute aus der Pfanne, auf einen Teller legen.
- Champignons in die Pfanne geben und nach dem Anbraten mit Sojasauce ablöschen.
- Wasser in die Pfanne geben und den Knoblauch 2 Minuten andünsten.
- Spinat zugeben und mit Deckel auf mittlerer Stufe solange köcheln bis der Spinat zusammenfällt.
- Restliche Zutaten zugeben und gut durchmischen.
- Auf einem Teller anrichten, mit Sesam bestreuen und mit Reis servieren.

Nudelpfanne mit Champignons

Zutaten

- 250 g Spaghetti
- 1 TL Kurkuma
- 1 Zwiebel
- 3 kleine Zucchini
- 250 g Champignons
- 1 TL Kreuzkümmel
- 1 EL Currypulver
- 4 EL Schnittlauch oder Petersilie (frisch oder TK)
- 2 EL Sojasoße
- (Sesam)Öl zum Anbraten
- Pfeffer und Salz

Zubereitung

- Spaghetti in vier Teile brechen (vierteln), kochen und dabei Kurkuma ins Kochwasser geben.
- Champignons und Zucchini in dünne Scheiben schneiden.
- Die Zwiebel in halbe Scheiben schneiden, mit 1 EL Öl 3 Minuten anbraten.
- Champignons dazugeben und 3 Minuten mitbraten.
- Zucchini, Kreuzkümmel, Currypulver hinzugeben und 5 Minuten braten.
- Spaghetti, Sojasoße, Pfeffer, Schnittlauch/ Petersilie dazugeben und gut vermischen.

Kokosspaghetti

Zutaten

- 500 g Spaghetti
- 600 ml Kokosmilch
- 700 ml Gemüsebrühe
- 4 Paprika
- 4 Karotten
- 2 Zwiebeln
- 2 EL Curry
- Pfeffer und Salz zum Abschmecken

Zubereitung

- Paprika und Karotten in kleine Würfeln schneiden.
- Alle Zutaten in einem Topf geben und aufkochen.
- Bei mittlerer Stufe 5 Minuten köcheln lassen, bis die Spaghetti al dente sind.

- Mit Salz und Pfeffer abschmecken.

Nudeltopf mit Spargel

Zutaten

- 300 g Nudeln (z. B. Penne)
- 400 g grüner Spargel
- 400 ml Gemüsebrühe
- 250 ml Sojasahne
- 50 ml veganer Weißwein
- 4 EL Schnittlauch oder Petersilie (frisch oder TK)
- (Oliven)Öl zum Anbraten
- Pfeffer und Salz zum Abschmecken

Zubereitung

- Spargel in kleine Stücke schneiden.
- Spargel, Nudeln, Weißwein und Gemüsebrühe in einem Topf geben und zum Kochen bringen.
- Bei mittlerer Stufe 5 Minuten köcheln lassen.

- Sojasahne einrühren und solange weiter köcheln lassen, bis die Flüssigkeit cremig ist und die Nudeln al dente sind.
- Mit Salz und Pfeffer abschmecken.
- In tiefen Tellern, mit Schnittlauch oder Petersilie bestreuen und servieren.

Spaghetti mit Erdnusssoße

Zutaten

- 300 g Spaghetti
- 800 ml Gemüsebrühe
- 120 g geröstete Erdnüsse
- 1 Paprika
- 1 Karotte
- 3 Zwiebeln
- 3 Knoblauchzehen
- 1 Stück Ingwer
- 1 EL Zucker
- 2 EL Zitronensaft
- 2 EL Erdnussbutter
- 1 TL Koriander
- 1 EL Sojasoße

- 2 EL (Oliven)Öl zum Anbraten

Zubereitung

- Karotte und Paprika klein würfeln.
- Zwiebeln und Knoblauch fein hacken.
- Öl in einem Topf (oder Wok) erhitzen und Zwiebel mit Knoblauch glasig anbraten.
- Alle Zutaten, außer Zitronensaft und Koriander zugeben und köcheln lassen, bis die Spaghetti al dente sind.
- Koriander und Zitronensaft zugeben.
- Nochmals gut durchmischen und servieren.

Spinat – Zitronen - Spaghetti

Zutaten

- 250 g Spaghetti
- 600 ml Gemüsebrühe
- 250 ml Kokosmilch
- 250 g Blattspinat
- Saft einer halben Zitrone
- 1 TL geriebene Zitronenschale
- 1 Zwiebel
- 2 Knoblauchzehen
- Salz und Pfeffer zum Abschmecken
- 2 EL (Oliven)Öl zum Anbraten

Zubereitung

- Blattspinat in Streifen schneiden.

- Zwiebeln und Knoblauch fein hacken.
- Öl in einem Topf erhitzen und Zwiebel mit Knoblauch glasig anbraten.
- Alle Zutaten, außer Zitronenabrieb und Blattspinat zugeben und köcheln lassen, bis die Spaghetti, nach etwa 16 Minuten, al dente sind.
- Blattspinat und Zitronenabrieb unterrühren und weitere 2 Minuten köcheln lassen.
- Mit Salz und Pfeffer abschmecken und servieren.

Chop Suey

Zutaten

- 2 Paprika
- 150 g Blumenkohl
- 100 g Brokkoli
- 3 Karotten
- 1 Zwiebel
- 100 g Champignons
- ½ Glas Soja-Sprossen
- 6 Mini - Maiskolben
- 200 ml Wasser
- 100 ml Sojasauce
- 2 EL Zucker
- ½ TL Ingwer
- 1 TL Paprika
- 3 EL Öl zum Anbraten

Beilage: Reis

Zubereitung

- Paprika, Champignons, Zwiebel, Blumenkohl, Brokkoli und Karotten in mundgerechte Stücke schneiden.
- Sojasprossen in ein Sieb geben und gut abtropfen lassen.
- Mini-Maiskolben einmal längs und einmal quer halbieren.
- In einem Topf Wasser zum Kochen bringen, vom Herd nehmen, Blumenkohl und Brokkoli hineingeben und ziehen lassen, bis die Soße fertig ist.
- 150 ml Wasser, Sojasauce, Zucker, Ingwer- und Paprikapulver in einem Topf aufkochen lassen.
- Die Stärke in 50 ml Wasser auflösen, dann langsam unter die Soße rühren.
- Kurz aufkochen, dann bei kleiner Hitze köcheln lassen, bis das Gemüse fertig ist.
- Öl in einer Pfanne erhitzen.
- Zunächst die Karotten hineingeben, nach 2 Minuten Paprika, Champignons, Blumenkohl und Brokkoli, nach nochmal 2 Minuten die Mini-Maiskolben und die Sojasprossen dazugeben und kurz anbraten.

- Die Soße hinzugeben und bei kleiner Hitze kurz köcheln lassen (Das Gemüse sollte noch bissfest bleiben).
- In vorgewärmten Tellern mit Reis servieren.

Kürbisragout

Zutaten

- ½ Hokkaido-Kürbis
- 250 ml Pflanzendrink
- 2 EL Mehl
- 1 EL Hefeflocken
- 1 Prise Muskat
- 2 EL (Raps)Öl
- Salz

Zubereitung

- Gewaschenen und Entkernten Kürbis in etwa 2x2 Zentimeter große Stücke schneiden.
- Öl in einem Topf erhitzen und Kürbis darin andünsten.
- Mehl einrühren, bis es sich mit dem Öl verbunden hat.

- Langsam Pflanzendrink hinzugeben. Dabei fleißig rühren, damit sich keine Klümpchen bilden werden.
- Hefeflocken zugeben und mit Salz und Muskat abschmecken.
- 15 Minuten, unter gelegentlichem Umrühren, auf niedriger Stufe köcheln lassen, bis die Kürbiswürfel weich sind.

Paella

Zutaten

- 200 g Basmati Reis
- 500 ml Gemüsebrühe
- 80 ml Weißwein
- 1 Zwiebel
- 2 Knoblauchzehen
- 2 Paprika (Farbe nach Belieben)
- 100 g grüne Bohnen
- 100 g Erbsen
- 80 ml (Olivien)Öl
- 1 TL Paprikapulver
- 1 Prise Chilipulver
- 1 Prise Rosmarin
- 2 Prisen Zimt
- 1 TL Zitronensaft

- 1 TL Salz
- Petersilie zum Dekorieren. (Optional noch Oliven)

Zubereitung

- Knoblauchzehen pressen, Zwiebel, Bohnen und Paprika klein schneiden.
- In einer großen Pfanne das Öl erhitzen und die Knoblauchzehen mit Zwiebel und Paprika, bei mittlerer Hitze 3 Minuten anbraten.
- Den ungewaschenen Reis unterrühren und mit weitere 2 Minuten mitdünsten.
- Gemüsebrühe, Weißwein, Zitronensaft und Zimt zugeben und 15 Minuten bei niedriger Stufe köcheln lassen.
- Bohnen und Erbsen unterrühren und weitere 15 Minuten, bei niedriger Stufe weiter köcheln.
- Salz, Chilipulver, Rosmarin und Paprikapulver unterrühren.
- Auf vorgewärmten Tellern mit Petersilie (und Optional Oliven) garnieren.

Karotten – Risotto

Zutaten (4 Portionen)

- 500 g Risotto
- 5 Karotten
- 1 Zwiebel
- 1 Knoblauchzehe
- 1000 ml Gemüsebrühe
- 250 ml veganer Weißwein
- 1 EL Petersilie
- 1 TL Zitronensaft
- 3 Prisen Pfeffer
- 3 Prise Salz
- 3 EL (Oliven)Öl zum Braten

Zubereitung

- Gemüsebrühe in einem Topf zubereiten und warmhalten.

- Zwiebel klein würfeln, Knoblauchzehe pressen und die Karotten zu feinen Stiften schneiden.
- 2 EL Öl in einem Topf erhitzen und Zwiebel und Knoblauch glasig anbraten.
- Den Reis zugeben und kurz andünsten.
- Mit Wein ablöschen.
- Die Karotten hinzufügen und 5 Minuten auf mittlerer Hitze köcheln lassen.
- Die Gemüsebrühe hinzufügen und solange köcheln lassen bis das Risotto weich ist, aber noch Biss hat.
- Restliches Öl mit Petersilie, Zitronensaft, Salz und Pfeffer unterrühren.
- In tiefen Tellern servieren.

King Pao Tofu Bowl

Zutaten

- 400 g Naturtofu
- 5 Frühlingszwiebeln
- 2 Paprika
- 2 Knoblauchzehen
- 100 g ungesalzene Erdnüsse
- 5 EL Sojasauce
- 2 EL Speisestärke
- 3 Prisen Chilipulver
- 3 Prisen Ingwer
- 2 TL Zitronensaft
- 1 EL Reisessig
- 1 TL Zucker
- 6 EL (Erdnuss)Öl zum Anbraten

Zubereitung

- Tofu mit Küchenpapier abtrocknen und in Würfel schneiden.
- Mit 4 EL Sojasauce vorsichtig verrühren und 5 Minuten ziehen lassen.
- Danach Speisestärke zugeben und nochmal vorsichtig verrühren, so das die Tofuwürfel bedeckt sind.
- Knoblauchzehen pressen, Paprika und Frühlingszwiebel in Streifen schneiden.
- Große Pfanne oder Wok, mit 2 EL Öl erhitzen und die Tofuwürfel, von allen Seiten, bei mittlerer Hitze, etwa 10 Minuten goldbraun braten.
- Tofu auf einen Teller beiseite stellen.
- In einer kleinen Schüssel restliche Sojasauce, 2 EL Öl, Reisessig und Zucker miteinander verrühren.
- Das restliche Öl in die Pfanne geben. Erhitzen und die Frühlingszwiebel mit Paprika, bei mittlerer Hitze 5 Minuten andünsten.

- Erdnüsse, Chilipulver, Zitronensaft und Ingwer in die Pfanne geben und weitere 5 Minuten, unter häufigem Rühren anbraten.
- Die angerührte Soße zugeben und 2 Minuten weiter kochen lassen.
- Mit Reis oder Brot servieren.

Milchreis

Zutaten

- 1000 ml Pflanzendrink
- 250 g Milchreis
- 30 g Zucker
- 1 Päckchen Vanillezucker
- Zum Bestreuen: Zimt

Zubereitung

- Pflanzendrink in einem Topf zum Kochen bringen.
- Reis, Zucker und Vanillezucker zugeben und bei offenem Deckel auf niedriger Stufe 30 Minuten quellen lassen.
- Dabei öfter Umrühren damit nichts anbrennt.
- Wenn der Reis die gewünschte Sämigkeit erreicht hat, vom Herd nehmen.
- Auf Teller verteilen und mit Zimt bestreuen.

Grießbrei

Zutaten

- 150 g Weichweizengrieß
- 1000 ml Pflanzendrink
- 400 g Obst (nach Belieben)
- 50 g Zucker
- Zum Bestreuen: Zucker und Zimt

Zubereitung

- Obst in gewünschte Größe schneiden.
- Pflanzendrink in einem Topf zum Kochen bringen.
- Grieß und Zucker unter ständigem Rühren zugeben.
- Herd auf kleine Stufe stellen und 2 Minuten weiterrühren.
- Das Obst in 4 tiefen Tellern verteilen und den Grießbrei darüber verteilen.
- Mit Zimt und Zucker bestreuen und servieren.

Bircher Müsli

Zutaten (2 Portionen)

- 50 g Haferflocken
- 60 ml Wasser (oder Saft nach Belieben)
- 60 ml Pflanzendrink
- 3 Äpfel
- Saft aus einer Zitrone
- 20 g Nüsse

Zubereitung

- Haferflocken mit Wasser vermischen und über Nacht quellen lassen.
- Pflanzendrink und Zitronensaft zugeben.
- Äpfel und Nüsse fein reiben oder mixen und unterrühren.

Porridge

Zutaten (2 Portionen)

- 100 g kernige Haferflocken
- 400 ml Wasser
- etwa 100 ml Pflanzendrink
- 1 Banane
- 2 EL Mandelblättchen
- 1 EL Rosinen (Optional)
- 2 EL Zucker
- 1 Prise Salz

Zubereitung

- Banane in kleine Stücke schneiden.
- Wasser mit Salz und Rosinen in einem Topf aufkochen lassen.
- Haferflocken einrühren und bei niedriger Stufe, unter ständigem Rühren, 5 Minuten leicht köcheln lassen.

- Wenn die Masse leicht eindickt, die Bananenstücke gut untermischen.
- In einem tiefen Teller servieren und mit Zucker bestreuen.
- Mandelblättchen darüber verteilen und die gewünschte Menge Pflanzendrink zugeben.

Asiatische Tempehpfanne

Zutaten

- 400 g Tempeh
- 200 g Champignons
- 200 g Sprossen
- 10 Frühlingszwiebeln
- 2 Karotten
- 1 Paprika
- 4 Knoblauchzehen
- 2 TL Pfeffer
- 2 TL Chilipulver
- 5 EL (Raps)Öl
- 5 EL Sojasauce und noch nach Belieben zum Abschmecken

Beilage: Reis

Zubereitung

- Tempeh würfeln.
- Öl in einer großen Pfanne oder Wok erhitzen und Tempeh darin 5 Minuten bei mittlerer Hitze anbraten.
- Champignons vierteln, Karotte in feine Streifen schneiden, Paprika würfeln, Frühlingszwiebeln in Scheiben schneiden und alles in die Pfannen zugeben.
- Unter häufigem Rühren, 5 Minuten bei mittlerer Hitze anbraten.
- Paprika in Streifen schneiden und mit gepressten Knoblauchzehen zugeben.
- Mit Pfeffer, Chilipulver und mit 5 EL Sojasauce würzen.
- 3 Minuten, unter ständigem Rühren weiter köcheln lassen.
- Die Sprossen unterheben und die Pfanne vom Herd nehmen.
- Nach Belieben noch etwas Sojasauce unterrühren.
- In vorgewärmten Tellern mit Reis servieren.

Paprika - Couscous

Zutaten (2 Portionen)

- 300 ml Gemüsebrühe
- 200g Couscous
- 2 Paprika
- 1 EL Tomatenmark
- 2 EL Sojasauce
- 2 EL Currypaste (rot oder gelb)
- 2 EL Weißweinessig
- 2 EL (Oliven)Öl
- Salz, Pfeffer, Chili

Zubereitung

- Currypaste mit Gemüsebrühe in einem Topf erhitzen und zum Kochen bringen.

- Couscous hinzugeben und den Topf wieder vom Herd nehmen.
- Couscous quellen lassen.
- Paprika waschen, entkernen und kleine würfeln und später zum Couscous geben.
- Tomatenmark, Sojasauce und Essig zusammenrühren und zur Couscous-Paprika-Mischung geben.
- Salz, Pfeffer und Chili zugeben und alles abschmecken.

Kichererbsencurry

Zutaten

- 1 Dose Kichererbsen (400 g)
- 1 Dose Kokosmilch (400 ml)
- 3 Zwiebeln
- 2 Knoblauchzehen
- 1 EL Zitronensaft
- 2 EL Curry
- 1 EL Sojasauce
- 1 TL Zucker
- 3 EL (Raps)Öl

Beilage: Reis

Zubereitung

- Zwiebel klein hacken, Knoblauchzehen pressen.
- Öl in einem Topf erhitzen und Zwiebeln und Knoblauch darin glasig anbraten.

- Langsam die Kokosmilch einrühren.
- Curry, Zitronensaft, Sojasauce, Zucker und Kichererbsen dazugeben.
- 10 Minuten auf mittlerer Stufe köcheln lassen.
- Kichererbsencurry mit Reis anrichten.

Kartoffel Gulasch

Zutaten

- 250 g Champignons
- 2 Kartoffel
- 1 Zwiebel
- 2 Knoblauchzehen
- 2 rote Paprika
- 2 TL Tomatenmark
- 1 TL Kümmel
- 1 TL Majoran
- 1 TL Pfeffer
- 1 TL Salz
- 2 TL Paprika
- 3 Prisen Chilipulver
- 4 EL (Raps)Öl zum Anbraten
- Wasser zum Bedecken der Kartoffeln

Zubereitung

- Zwiebel fein hacken, Knoblauchzehen pressen, Champignons in Stücke schneiden, Paprika und Kartoffeln würfeln.
- In einem großen Topf 2 EL Öl erhitzen und Zwiebel, bei mittlerer Hitze, glasig anbraten.
- Tomatenmark unterrühren und nach 1 Minute Kartoffel, Paprika und Knoblauch zugeben.
- Nach 3 Minuten soviel Wasser zugeben, das die Kartoffeln bedeckt sind.
- Restliche Zutaten zugeben und 10 Minuten weich köcheln lassen.
- Sollte zuviel Wasser dabei verdunsten, eventuell noch etwas Wasser zugießen.
- Restliches Öl in einer Pfanne erhitzen und die Champignons goldbraun braten.
- Champignons in das Gulasch einrühren und in vorgewärmten Tellern servieren.

Thai Curry

Zutaten

- 250 g Tofu
- 1 Knoblauchzehe
- 30 g frischer Ingwer
- 1 grüne Chilischote
- 3 Frühlingszwiebeln
- 250 g grüner Spargel
- 200 ml Kokosmilch
- 200 ml Gemüsebrühe
- 100 g Sojasprossen
- 2 EL Curry
- 1 EL Zitronensaft
- 3 EL (Kokos)Öl
- 1 Prise Zucker

- Salz

Beilage: Reis

Zubereitung

- Tofu abtrocknen und in 2 cm große Würfel schneiden.
- 1 TL Currypulver mit 2 El Öl verrühren, mit dem Tofu mischen und 15 Min. marinieren.
- Ingwer klein hacken, Knoblauch pressen und Chili fein würfeln.
- Frühlingszwiebeln putzen. Vom Spargel das untere Drittel schälen, die Enden abschneiden. Frühlingszwiebeln und Spargel schräg in 3 cm lange Stücke schneiden.
- Tofu in einem heißen Wok rundherum 5 Min. anbraten, salzen und herausnehmen.
- 1 El Öl im Wok erhitzen. Knoblauch, Ingwer, Chili, Frühlingszwiebeln und Spargel unter Rühren 5 Min. braten und salzen.
- Mit 1 TL Currypulver bestäuben und kurz anbraten.

- Kokosmilch und Brühe zugießen, aufkochen und bei mittlerer Hitze 7 Min. köcheln lassen.
- Tofu und die Hälfte der Sojasprossen untermischen und 3 Min. mitkochen.
- Mit Salz, 1 Prise Zucker und Zitronensaft abschmecken.
- Mit den restlichen Sojasprossen bestreut servieren.
- Als Beilage empfehle ich Reis.

Warme Suppen

Wirsingsuppe

Zutaten

- ½ Wirsingkopf
- 1 Kartoffel
- 1 Karotte
- 1 Zwiebel
- 1000 ml heiße Gemüsebrühe
- 2 EL (Rapsöl)
- 50 ml Sojasahne
- Salz und Pfeffer zum Abschmecken.

Zubereitung

- Zwiebel hacken, Kartoffel und Karotte klein würfeln, Wirsing in Streifen schneiden.
- Öl in einem Topf erhitzen und Zwiebel darin glasig andünsten.
- Wirsing zugeben und kurz mitdünsten.

- Gemüsebrühe mit Karotte und Kartoffel zugeben und 45 Minuten köcheln lassen.
- Sojasahne zugeben und 5 Minuten ziehen lassen.
- Abschmecken und in tiefen Tellern servieren.

Linsensuppe

Zutaten

- 250 g rote Linsen
- 500 g passierte Tomaten
- 3 Knoblauchzehen
- 1 Zwiebel
- 750 ml warme Gemüsebrühe
- 2 TL Curry
- 2 TL Koriander
- 1 TL Kümmel
- Saft von einer Zitrone
- 2 EL (Raps)Öl
- Salz und Pfeffer zum Abschmecken.

Zubereitung

- Zwiebel und Knoblauchzehen klein hacken.
- Öl in einem Topf erhitzen und Zwiebel mit Knoblauch glasig andünsten.

- Gewaschene und abgetropfte Linsen zugeben und eine Minute köcheln lassen.
- Gemüsebrühe zugeben, aufkochen und 20 Minuten leicht köcheln lassen.
- Tomaten zugeben und kurz aufkochen.
- Restliche Zutaten zugeben und 5 Minuten ziehen lassen.
- Linsensuppe mit einem Pürierstab pürieren.
- Abschmecken und in tiefen Tellern servieren.

Reissuppe

Zutaten

- 200 g Reis
- 1 Karotte
- 1 Bund Schnittlauch
- 1000 ml warme Gemüsebrühe
- 1 TL Curry
- 2 EL (Raps)Öl
- Salz und Pfeffer zum Abschmecken

Zubereitung

- Reis gut auswaschen und abtropfen lassen. Karotte klein raspeln.
- Öl in einem Topf erhitzen und Reis glasig andünsten.
- Gemüsebrühe zugeben, aufkochen und 20 Minuten leicht köcheln lassen.
- Karotte zugeben und kurz aufkochen.
- Curry zugeben und 20 Minuten köcheln lassen.

- Schnittlauch schneiden und zur Suppe geben.
- Abschmecken und in tiefen Tellern servieren.

Erbsensuppe

Zutaten

- 250 g Erbsen
- 3 Kartoffeln
- 1 Karotte
- 1 Knoblauchzehe
- 1 Zwiebel
- 1000 ml Gemüsebrühe
- 1 EL Liebstöckel
- 2 TL Koriander
- 1 TL Thymian
- 1 TL Majoran
- 2 EL (Raps)Öl
- Salz und Pfeffer zum Abschmecken

Zubereitung

- Die Erbsen über Nacht, für mindestens 12 Stunden einweichen.

- Zwiebel und Knoblauchzehe klein hacken.
- Kartoffeln und Karotte klein würfeln.
- Öl in einem Topf erhitzen und Zwiebel mit Knoblauch glasig andünsten.
- Gemüsebrühe, Kartoffel, Karotte, Gewürze und Erbsen zugeben, aufkochen und 30 Minuten leicht köcheln lassen.
- Am besten schmeckt die Suppe, wenn sie für 24 Stunden zieht und dann nochmal aufgekocht wird.
- Abschmecken und in tiefen Tellern servieren.

Zwiebelsuppe

Zutaten

- 400 g Zwiebeln
- 500 ml warme Gemüsebrühe
- 2 TL Curry
- 2 TL Koriander
- 1 TL Kümmel
- Saft einer Zitrone
- 2 EL (Kokos)Öl
- Salz und Pfeffer zum Abschmecken.

Zubereitung

- Zwiebel klein hacken.
- Kokosöl in einem Topf erhitzen und Zwiebel glasig andünsten.
- Gemüsebrühe zugeben, aufkochen und 20 Minuten leicht köcheln lassen.
- Restliche Zutaten zugeben und 5 Minuten ziehen lassen.
- Abschmecken und in tiefen Tellern servieren.

Grünkohlsuppe

Zutaten

- 300 g Grünkohl
- 2 Kartoffeln
- ½ Glas Kichererbsen
- 1 Zwiebel
- 700 ml warme Gemüsebrühe
- 100 ml Sojasahne
- 2 EL (Kokos)Öl
- 2 Prisen Muskat
- Salz und Pfeffer zum Abschmecken

Zubereitung

- Zwiebel klein hacken, Kartoffel klein würfeln und Grünkohl klein zupfen.
- Öl in einem Topf erhitzen und Zwiebel glasig andünsten.
- Kartoffeln zugeben und 5 Minuten, unter ständigem Rühren anschwitzen.

- Grünkohl unterheben und gut vermengen.
- Gemüsebrühe zugeben, aufkochen und 10 Minuten, unter gelegentlichem umrühren, leicht köcheln lassen.
- Kichererbsen und Muskat zugeben und weitere 10 Minuten köcheln lassen.
- Wenn die Kartoffeln bissfest sind, die Suppe mit einem Pürierstab pürieren.
- Sojasahne zugeben, kurz aufkochen und 5 Minuten ziehen lassen.
- Mit Salz und Pfeffer abschmecken und in tiefen Tellern servieren.

Erdnusssuppe

Zutaten

- 4 EL gemahlene, geröstete, ungesalzene Erdnüsse
- 3 Kartoffeln
- 2 Tomaten
- 1 Paprika
- 1 Zwiebel
- 1000 ml Gemüsebrühe
- 2 TL Koriander
- 2 EL (Erdnuss)Öl
- Salz und Pfeffer zum Abschmecken
- 2 EL Erdnüsse zum Garnieren

Zubereitung

- Zwiebel klein hacken.
- Kartoffeln, Tomaten und Paprika klein würfeln.
- Öl in einem Topf erhitzen und Zwiebel glasig andünsten.

- Kartoffel, Paprika und Tomaten zugeben und 5 Minuten, unter ständigem Rühren anschwitzen.
- Gemüsebrühe und Gewürze zugeben, aufkochen und für 20 Minuten leicht köcheln lassen.
- Die Suppe mit einem Pürierstab pürieren und gemahlene Erdnüsse zugeben.
- Umrühren und kurz ziehen lassen.
- Abschmecken und mit den Erdnüssen garnieren.

Nudelsuppe mit Karotten

Zutaten

- 150 g Suppennudeln
- 3 Karotte
- 1 Bund Schnittlauch
- 1000 ml Gemüsebrühe
- 1 TL Curry
- 2 EL (Raps)Öl
- Salz und Pfeffer zum Abschmecken

Zubereitung

- Karotte klein raspeln.
- Öl in einem Topf erhitzen und Karotte etwas andünsten.
- Gemüsebrühe zugeben und aufkochen.
- Curry und Nudeln zugeben und solange kochen lassen wie es auf der Packungsangabe steht.
- Schnittlauch schneiden und zur Suppe geben.
- Abschmecken und in tiefen Tellern servieren.

Miso - Suppe

Zutaten

- 4 EL Miso
- 2 Zwiebel
- 2 Knoblauchzehe
- 1000 ml kochendes Wasser
- 2 EL (Sesam)Öl

Zubereitung

- Zwiebel und Knoblauch fein hacken.
- Öl in einem Topf erhitzen und Zwiebel mit Knoblauch andünsten.
- Miso in etwas Wasser auflösen und in den Topf zugeben.
- Das kochende Wasser zugeben und die Suppe etwa 5 Minuten ziehen lassen.

Spinatsuppe

Zutaten

- 500 g Spinat (frisch oder abgetropften TK Spinat)
- 3 Knoblauchzehen
- 1000 ml heiße Gemüsebrühe
- 100 ml Sojasahne
- 1 TL Paprikapulver
- 2 EL Mehl
- 3 EL (Raps)Öl
- Salz und Pfeffer zum Abschmecken

Zubereitung

- Spinat gründlich waschen, gut abtropfen lassen und im Mixer zerkleinern.
- Knoblauchzehen klein hacken.
- In einem Topf Öl erhitzen, Mehl einrühren und kurz anschwitzen.
- Spinat zugeben und weiterrühren.

- Gemüsebrühe und Knoblauch zugeben und 20 Minuten köcheln lassen.
- Sojasahne zugeben und kurz aufkochen.
- 5 Minuten ziehen lassen.
- Abschmecken und in tiefen Tellern servieren.

Kohlrabi – Petersiliensuppe

Zutaten

- 400 g Kohlrabi
- 2 Kartoffeln
- 1 Zwiebel
- 3 Knoblauchzehen
- 1200 ml Gemüsebrühe
- 100 g Petersilie
- 1 Lorbeerblatt
- 1 EL Zitronensaft
- 1 EL (Raps)Öl
- Salz und Pfeffer zum Abschmecken

Zubereitung

- Petersilie fein hacken, Kartoffel und Kohlrabi in kleine Stücke schneiden.
- Knoblauchzehen und Zwiebel klein hacken.

- Öl in einem Topf erhitzen und Zwiebel darin glasig andünsten.
- Knoblauch, Kartoffel, Kohlrabi und Petersilie zugeben und kurz mit anbraten.
- Gemüsebrühe, Zitronensaft und Lorbeerblatt zugeben und 30 Minuten köcheln lassen.
- Mit einem Pürierstab die Suppe pürieren.
- Abschmecken und in tiefen Tellern servieren.

Chinakohlsuppe

Zutaten

- 500 g Chinakohl
- 2 Kartoffel
- 1 Karotte
- 1 Zwiebel
- 1 Knoblauchzehe
- 900 ml Gemüsebrühe
- 2 TL Currypulver
- 2 Prisen Ingwer
- 2 Prisen Muskat
- 2 EL (Raps)Öl
- 50 ml Sojasahne
- Salz und Pfeffer zum Abschmecken

Zubereitung

- Zwiebel und Knoblauchzehe hacken, Kartoffeln und Karotte klein würfeln, Chinakohl in dünne Streifen schneiden.
- Öl in einem Topf erhitzen, Zwiebel und Knoblauch darin glasig andünsten.
- Kartoffeln, Karotte und Currypulver zugeben und ein paar Minuten mit andünsten.
- Chinakohl zugeben, gut umrühren und kurz mitdünsten.
- Gemüsebrühe zugeben, aufkochen und 25 Minuten köcheln lassen.
- Suppe mit einem Pürierstab fein pürieren.
- Ingwer und Muskat zugeben.
- Sojasahne zugeben, aufkochen und 5 Minuten ziehen lassen.
- Mit Salz und Pfeffer Abschmecken und in tiefen Tellern servieren.

Kokossuppe

Zutaten

- 1 Dose Kokosmilch
- 300 g Kartoffeln
- 100 g rote Linsen
- 2 Karotten
- 1 Zwiebel
- 2 Knoblauchzehen
- 600 ml warme Gemüsebrühe
- 2 EL Currypulver
- 2 EL Kokosöl
- Salz und Pfeffer zum Abschmecken

Zubereitung

- Linsen waschen und abtropfen lassen.
- Zwiebel und Knoblauchzehen klein hacken.
- Kartoffeln und Karotten würfeln.

- Kokosöl in einem Topf erhitzen und Zwiebel mit Knoblauch glasig andünsten.
- Gemüsebrühe, Kartoffeln, Karotten und Linsen zugeben, aufkochen und 20 Minuten köcheln lassen.
- Mit einem Pürierstab die Suppe pürieren.
- Kokosmilch und Currypulver zugeben und nochmals aufkochen.
- 5 Minuten ziehen lassen.
- Abschmecken und in tiefen Tellern servieren.

Graupensuppe

Zutaten

- 150 g Graupen (Perlgraupen, mittel)
- 125 g Räuchertofu
- 5 Kartoffeln
- 1 kleines Stück Sellerie
- 2 Karotten
- 1 Zwiebel
- ½ Stange Lauch
- 1500 ml Gemüsebrühe
- 3 EL Sojasauce
- 1 Prise Muskat
- 2 Prisen Pfeffer
- 2 EL (Raps)Öl
- Petersilie zum Garnieren

Zubereitung

- Zwiebel klein hacken, Lauch in dünne Ringe schneiden.
- Räuchertofu, Kartoffeln, Sellerie und Karotten würfeln.
- Öl in einem Topf erhitzen und Zwiebel glasig andünsten.
- Graupen zugeben und ebenfalls glasig anschwitzen.
- Restliches Gemüse zugeben und kurz mit anbraten.
- Gemüsebrühe zugeben, aufkochen und 30 Minuten, bis die Graupen gar sind, leicht köcheln lassen.
- Räuchertofu in einer Pfanne scharf anbraten.
- Räuchertofu zugeben und nochmals aufkochen.
- Gewürze zugeben und 5 Minuten ziehen lassen.
- Mit Petersilie bestreut in tiefen Tellern servieren.

Brennnesselsuppe

Zutaten

- 500 g Brennnesselblätter
- 1 Kartoffel
- 1 Zwiebel
- 1000 ml Gemüsebrühe
- 50 g Sojasahne
- 2 EL (Raps)Öl
- Salz und Pfeffer zum Abschmecken.
- 1 EL gehackte Schnittlauch zum Garnieren

Zubereitung

- Zwiebel klein hacken, Brennnesselblätter abwaschen und Kartoffel klein würfeln.
- Öl in einem Topf erhitzen und Zwiebel glasig andünsten.
- Kartoffel zugeben und 5 Minuten weiter köcheln lassen.
- Brennnesselblätter zugeben und eine Minute garen lassen.

- Gemüsebrühe hinzufügen und bei kleiner Hitze 10 Minuten köcheln lassen.
- Sojasahne zugeben, aufkochen und für weitere 5 Minuten leicht köcheln lassen.
- Mit einem Pürierstab die Suppe pürieren.
- Abschmecken und mit Schnittlauch bestreuen.

Bananensuppe

Zutaten

- 4 reife Bananen
- 1 Dose Kokosmilch
- 1 Zwiebel
- 1 Knoblauchzehe
- 600 ml warme Gemüsebrühe
- 3 EL Currypulver
- 2 EL Kokosöl
- Salz und Pfeffer zum Abschmecken.

Zubereitung

- Zwiebel und Knoblauchzehe klein hacken.
- Kokosöl in einem Topf erhitzen und Zwiebel mit Knoblauch glasig andünsten.
- Banane zugeben und anbraten.
- Banane klein drücken.

- Gemüsebrühe, Kokosmilch und Currypulver zugeben, aufkochen und 10 Minuten köcheln lassen.
- Abschmecken und in tiefen Tellern servieren.

Sauerkrautsuppe

Zutaten

- 500 g Sauerkraut
- 150 g Zwiebeln
- 300 g Kartoffeln
- 1 Paprika
- 1200 ml Gemüsebrühe
- 1 TL Paprikapulver
- 1 TL Kümmel
- 120 g Sojasahne
- 3 EL (Raps)Öl
- Salz und Pfeffer zum Abschmecken.

Zubereitung

- Zwiebel klein hacken. Sauerkraut bei Bedarf klein schneiden und Kartoffeln würfeln.
- Öl in einem Topf erhitzen und Zwiebel glasig andünsten.
- Mit Gemüsebrühe ablöschen und kurz aufkochen.

- Sauerkraut mit Kümmel und Paprikapulver zugeben.
- Suppe bei mittlerer Hitze für 10 Minuten köcheln lassen.
- Kartoffeln in die Suppe geben.
- Suppe für weitere 20 Minuten köcheln lassen, bis die Kartoffeln weich sind.
- Sojasahne zugeben und kurz aufkochen.
- 5 Minuten ziehen lassen.
- Abschmecken und in tiefen Tellern servieren.

Knoblauchcremesuppe

Zutaten

- 6 Knoblauchzehen
- 1000 ml warme Gemüsebrühe
- 4 Toastbrotscheiben
- 250 ml Sojasahne
- 2 EL Petersilie
- 1 TL Salz

Zubereitung

- Knoblauchzehen klein hacken.
- Toast würfeln.
- Gemüsebrühe im Topf aufkochen, Knoblauch und Salz zugeben.
- Für 5 Minuten köcheln lassen.
- Toast zugeben und für weitere 10 Minuten köcheln lassen.

- Sojasahne zugeben und mit einem Pürierstab die Suppe pürieren.
- 5 Minuten ziehen lassen.
- Mit Petersilie bestreuen und in tiefen Tellern servieren.

Currysuppe

Zutaten

- 1 Apfel
- 1 Stange Lauch
- 1 Zwiebel
- 1 Karotte
- 2 Knoblauchzehen
- 1000 ml Gemüsebrühe
- 1 EL Currypulver
- 1 TL Ingwerpulver
- 3 Prisen Zitronengraspulver
- 200 ml Kokosmilch
- Salz und Pfeffer zum Abschmecken.

Zubereitung

- Zwiebel klein hacken, Knoblauchzehen pressen.
- Karotte, Lauch und Apfel nach Belieben kleinschneiden.

- Gemüsebrühe aufkochen und Obst mit Gemüse zugeben.
- Suppe bei mittlerer Hitze für 30 Minuten köcheln lassen.
- Kokosmilch, Zitronengras und Curry zugeben und die Suppe mit einem Pürierstab pürieren.
- 5 Minuten ziehen lassen.
- Abschmecken und in tiefen Tellern servieren.

Süßkartoffelsuppe

Zutaten

- 3 Süßkartoffeln
- 1 Zwiebel
- 1 Knoblauchzehe
- 2 EL Erdnussbutter
- 1000 ml heiße Gemüsebrühe
- 1 Dose Kokosmilch
- 2 EL Zitronensaft
- 2 EL (Raps)Öl
- Salz und Pfeffer zum Abschmecken.

Zubereitung

- Zwiebel und Knoblauchzehe klein hacken. Süßkartoffel würfeln.
- Öl in einem Topf erhitzen und Zwiebel mit Knoblauch darin andünsten.

- Gemüsebrühe und Süßkartoffeln zugeben und 20 Minuten köcheln lassen, bis die Süßkartoffeln weich sind.
- Mit einem Pürierstab die Suppe pürieren.
- Kokosmilch, Erdnussbutter und Zitronensaft unterrühren.
- Abschmecken und in tiefen Tellern servieren.

Kürbissuppe

Zutaten

- 500 g Hokkaido Kürbis
- 600 ml Gemüsesuppe
- 1 Zwiebel
- 1 Knoblauchzehe
- ½ TL Ingwerpulver
- 1 Prise Muskatnuss
- 2 Prisen Pfeffer
- 1 Prise Salz
- 3 EL (Raps)Öl
- Kürbiskernöl zum Beträufeln

Zubereitung

- Kürbis entkernen und in kleine Würfel schneiden.
- Knoblauchzehe pressen und Zwiebel klein würfeln.
- In einem erhitzten Topf mit Öl glasig andünsten.

- Kürbis zugeben und kurz mit anbraten.
- Mit der Gemüsesuppe aufgießen.
- Gewürze zugeben und 20 Minuten köcheln lassen.
- Wenn der Kürbis weichgekocht ist, die Suppe pürieren.
- Sollte die Suppe zu dickflüssig sein mit etwas Wasser verflüssigen und kurz aufkochen.
- Suppe im Teller servieren und mit Kürbiskernöl beträufeln.

Kartoffelsuppe

Zutaten

- 500 g Kartoffeln
- 500 g Suppengemüse (Möhren, Wurzelpetersilie, Porree, Sellerie)
- 1 Zwiebel
- 1000 ml Gemüsebrühe
- 50 ml Sojasahne
- 2 EL Petersilie
- Salz, Pfeffer Thymian und Majoran
- 2 EL (Raps)Öl

Zubereitung

- Kartoffeln und Suppengemüse waschen, schälen und klein schneiden. Zwiebel klein hacken.
- 1 EL Öl in einem großen Topf erhitzen und die Kartoffeln mit dem Suppengemüse kurz anbraten.
- Gemüsebrühe hinzugeben und 30 Minuten köcheln lassen.
- Die Suppe pürieren.

- Restliches Öl in einer kleinen Pfanne erhitzten und die Zwiebel darin goldgelb dünsten.
- Die Suppe nach Belieben mit Salz, Pfeffer, Thymian, Majoran würzen.
- Die Zwiebel und die Sahne in die Suppe rühren und noch 5 Minuten ziehen lassen.
- In tiefen Tellern servieren und mit Petersilie bestreuen.

Blumenkohlsuppe

Zutaten

- 1 Blumenkohl
- 1 Kartoffel
- 3 Karotten
- 2 Zwiebel
- 1 Knoblauchzehe
- 700 ml Gemüsebrühe
- 1 TL Currypulver
- ½ TL Ingwerpulver
- 2 Prisen Pfeffer
- 1 Prise Salz
- 3 EL (Raps)Öl
- 1 EL Petersilie zum Garnieren

Zubereitung

- Blumenkohl, Kartoffel und Karotten in kleine Würfel schneiden.

- Knoblauchzehe pressen und Zwiebel klein würfeln.
- Öl einem Topf erhitzten und Zwiebel mit Knoblauch glasig andünsten.
- Blumenkohl mit Karotten zugeben und kurz mit anbraten.
- Mit der Gemüsebrühe aufgießen.
- Gewürze zugeben und 20 Minuten köcheln lassen.
- Mit einem Pürierstab die Suppe pürieren.
- Sollte die Suppe zu dickflüssig sein mit etwas Wasser verflüssigen und kurz aufkochen.
- Suppe im Teller servieren und mit Petersilie garnieren.

Gemüsecremesuppe

Zutaten

- 5 Kartoffel
- 400 g Gemüse nach Belieben (Karotten, Kohlrabi, Paprika usw.)
- 1 Zwiebel
- 1 Knoblauchzehe
- 700 ml Gemüsebrühe
- ½ TL Ingwerpulver
- ½ TL Pfeffer
- ½ TL Salz
- 2 EL (Raps)Öl
- 1 EL Petersilie zum Garnieren

Zubereitung

- Gemüse und Kartoffeln in kleine Würfel schneiden.
- Knoblauchzehe pressen und Zwiebel klein würfeln.

- Öl einem Topf erhitzten und Zwiebel mit Knoblauch glasig andünsten.
- Kartoffeln und Gemüse zugeben und kurz mit anbraten.
- Mit der Gemüsebrühe aufgießen, aufkochen und für 30 Minuten köcheln lassen.
- Mit einem Pürierstab die Suppe pürieren.
- Suppe im Teller servieren und mit Petersilie garnieren.

Paprikasuppe

Zutaten

- 5 Paprika
- 1 Zwiebel
- 1 Knoblauchzehe
- 700 ml Gemüsebrühe
- 180 ml Kokosmilch
- 1 EL Speisestärke
- 2 EL (Raps)Öl
- Salz sowie Chiliflocken

Zubereitung

- Paprika putzen und grob würfeln, Zwiebel klein würfeln und Knoblauchzehe pressen.
- Einen Topf mit Öl erhitzen und die Zwiebel glasig anbraten.
- Paprikawürfel zufügen, anbraten und mit Brühe ablöschen.

- Knoblauch zugeben und 20 Minuten leicht köcheln lassen.
- Die Suppe pürieren.
- Die Kokosmilch mit der Speisestärke gut verrühren und zugeben.
- Mit Salz und Chili abschmecken.

Brokkolicremesuppe

Zutaten

- 1 Brokkoli
- 4 Kartoffeln
- 1 Zwiebel
- 1 Knoblauchzehe
- 800 ml Gemüsebrühe
- 200 ml Pflamnzendrink
- 2 EL (Raps)Öl
- Salz zum Abschmecken

Zubereitung

- Kartoffeln würfeln, Zwiebel kleine würfeln, Knoblauchzehe pressen.
- Einen Topf mit Öl erhitzen und die Zwiebel glasig anbraten.
- Gemüsebrühe, Knoblauch und Kartoffeln zugeben und im geschlossenen Topf 5 Minuten kochen.

- Währenddessen Brokkoliröschen abtrennen und die Stiele klein schneiden.
- Brokkoli zugeben und weitere 15 Minuten kochen.
- Pflanzendrink hinzugeben und pürieren.
- Mit Salz abschmecken und noch einmal kurz aufkochen lassen.

Gurkencremesuppe

Zutaten

- 500 g Schlangengurke
- 500 ml Gemüsebrühe
- 250 ml Sojasahne
- 1 Zwiebel
- 2 Knoblauchzehen
- 2 EL Mehl
- 1 EL Zitronensaft
- 1 EL Dill
- 2 EL (Raps)Öl
- Salz und Pfeffer zum Abschmecken

Zubereitung

- Zwiebel und Knoblauchzehen klein hacken.
- Schlangengurke würfeln.

- Öl in einem Topf erhitzen und Zwiebel mit Knoblauch darin glasig anbraten.
- Gemüsebrühe, Gurke und Mehl zugeben und die Suppe aufkochen lassen.
- Für 10 Minuten auf mittlerer Stufe köcheln lassen.
- Sojasahne, Zitronensaft und Dill zugeben und mit einem Pürierstab die Suppe pürieren.
- 5 Minuten ziehen lassen und mit Salz und Pfeffer abschmecken.
- In tiefen Tellern servieren.

Bärlauchsuppe

Zutaten

- 1 Handvoll Bärlauch
- 400 g Kartoffel
- 1000 ml Gemüsebrühe
- 1 EL Mehl
- 2 EL vegane Butter
- Salz und Pfeffer zum Abschmecken

Zubereitung

- Kartoffeln in Stücke schneiden, Bärlauch fein schneiden.
- Butter in einem Topf erhitzen und Mehl darin anschwitzen.
- Gemüsebrühe zugeben und die Suppe aufkochen lassen.
- Kartoffeln und Bärlauch zugeben und 25 Minuten auf mittlerer Stufe köcheln lassen.
- Die Suppe mit einem Pürierstab pürieren.
- Mit Salz und Pfeffer abschmecken und in tiefen Tellern servieren.

Zucchinisuppe

Zutaten

- 500 g Zucchini
- 1 Zwiebel
- 1 Knoblauchzehe
- 600 ml Gemüsebrühe
- 70 ml Sojasahne
- 2 EL (Raps)Öl
- Salz und Pfeffer zum Abschmecken

Zubereitung

- Zucchini in kleine Würfel schneiden.
- Knoblauchzehe pressen und Zwiebel klein würfeln.
- Öl einem Topf erhitzten und Zwiebel mit Knoblauch glasig andünsten.
- Gemüsebrühe und Zucchini zugeben, aufkochen und für 20 Minuten köcheln lassen.
- Sojasahne zugeben und nochmals kurz aufkochen.

- Mit einem Pürierstab die Suppe pürieren.
- Mit Salz und Pfeffer die Suppe abschmecken.

Steckrübensuppe

Zutaten

- ½ Steckrübe
- 1 Zwiebel
- 1000 ml Gemüsebrühe
- 250 ml Sojasahne
- 3 EL (Raps)Öl
- 2 EL Mehl
- ½ TL Muskat
- 4 EL Hefeflocken
- Salz und Pfeffer zum Abschmecken
- Petersilie zum Garnieren

Zubereitung

- Zwiebel und Steckrübe klein würfeln.
- Öl in einem Topf erhitzen und Gemüse darin gut andünsten.
- Mit Mehl bestäuben und eine Mehlschwitze bereiten.

- Gemüsebrühe zugeben und aufkochen lassen.
- Auf mittlerer Stufe 25 Minuten köcheln lassen.
- Die Suppe mit einem Pürierstab cremig pürieren.
- Sojasahne und Muskat zugeben und nochmal aufkochen lassen.
- 3 Minuten auf mittlerer Stufe köcheln lassen.
- Hefeflocken einrühren und mit Salz und Pfeffer abschmecken.
- Die Suppe mit Petersilie garniert servieren.

Kichererbsensuppe

Zutaten

- 1 Dose Kichererbsen (480g)
- 2 Tomaten
- 2 Zwiebel
- 2 Knoblauchzehen
- 1 Frühlingszwiebel
- 1000 ml Gemüsebrühe
- 1 TL Paprikapulver
- 1 TL Kreuzkümmel
- 1 TL Chilipulver
- 1 EL Zitronensaft
- 3 EL Soja - Naturjoghurt
- 2 EL (Raps)Öl
- Salz und Pfeffer zum Abschmecken

Zubereitung

- Kichererbsen gut abspülen.

- Tomaten würfeln, Frühlingszwiebel und Zwiebeln kleine würfeln, Knoblauchzehen pressen.
- Einen Topf mit Öl erhitzen und die Zwiebel mit dem Knoblauch glasig anbraten.
- Gemüsebrühe zugeben und aufkochen lassen.
- Kichererbsen, Tomaten, Paprikapulver und Kreuzkümmel zugeben und bei mittlerer Hitze 10 Minuten köcheln lassen.
- Währenddessen Brokkoliröschen abtrennen und die Stiele klein schneiden.
- Zitronensaft zugeben und mit einem Pürierstab die Suppe pürieren.
- Frühlingszwiebel hinzugeben und mit Salz und Pfeffer abschmecken.
- In tiefen Tellern servieren und mit 1 - 2 Löffel Soja - Naturjoghurt garnieren.
- Tipp: Die Suppe entwickelt ihr Aroma und schmeckt aufgewärmt fast noch besser.

Champignonsuppe

Zutaten

- 200 g Champignons
- 1 Zwiebel
- 1 Knoblauchzehe
- 700 ml Gemüsebrühe
- 100 ml Sojasahne
- ½ TL Thymian
- ½ TL Pfeffer
- 1 TL Salz
- 2 EL (Raps)Öl

Zubereitung

- Champignons in Scheiben schneiden, Zwiebel klein würfeln und Knoblauchzehe pressen.
- Einen Topf mit Öl erhitzen und die Zwiebel glasig anbraten.
- Gemüsebrühe, Thymian und Champignons zugeben und 10 Minuten köcheln lassen.

- Sojasahne zugeben und nochmals aufkochen und 5 Minuten ziehen lassen.
- Suppe mit Salz und Pfeffer abschmecken und in tiefen Tellern servieren.

Einfache Lauchsuppe

Zutaten

- 1 Stange Lauch
- 2 EL Mehl
- 1000 ml Gemüsebrühe
- 8 EL Pflanzendrink
- 2 EL Zitronensaft
- 3 EL Butter

Zubereitung

- Wurzeln und äußere Blätter vom Lauch entfernen, grünes Ende längs einschneiden und gründlich waschen.
- Schneiden Sie den Lauch in Ringe.
- Butter in einem Topf erhitzen und Lauch darin anbraten.
- Mehl einrühren, bis sich mit der Butter verbunden hat.
- Gemüsebrühe, Pflanzendrink und Zitronensaft zugeben, und nur kurz aufkochen.
- Mit Salz und Pfeffer abschmecken.

Tomatensuppe mit Gemüse

Zutaten

- 1 Dose gehackte Tomaten
- 1 Dose passierte Tomaten
- 3 Karotten
- 1 Zwiebel
- 2 Knoblauchzehen
- 1 Lauch
- 1 Lauchzwiebel
- 1 Zucchini
- 2 EL (Kokos)Öl
- Salz zum Abschmecken

Zubereitung

- Das Gemüse klein schneiden, Knoblauchzehen pressen.
- Einen Topf mit Öl erhitzen und die Zwiebel glasig anbraten.

- Alle Zutaten außer Tomaten zugeben und 5 Minuten köcheln lassen.
- Tomaten in den Topf geben und bei kleiner Hitze 20 Minuten köcheln lassen.
- Suppe pürieren und mit Salz abschmecken.

Grünkernsuppe

Zutaten

- 90 g Grünkern-Schrot
- 3 Paprika
- 1 Zwiebel
- 1 Knoblauchzehe
- 900 ml Gemüsebrühe
- 50 ml Sojasahne
- 2 EL (Raps)Öl
- Salz und Pfeffer zum Abschmecken
- 2 EL Petersilie

Zubereitung

- Paprika putzen und grob würfeln, Zwiebel klein würfeln und Knoblauchzehe pressen.
- Einen Topf mit Öl erhitzen und die Zwiebel glasig anbraten.

- Grünkern zugeben und 3 Minuten unter ständigem Rühren anrösten.
- Mit der Gemüsebrühe ablöschen und auf niedriger Hitze 10 Minuten köcheln lassen.
- Paprikawürfel und Knoblauch zugeben und weitere 10 Minuten leicht köcheln lassen.
- Die Suppe pürieren.
- Die Sojasahne zugeben, aufkochen und für 5 Minuten ziehen lassen.
- Mit Salz und Pfeffer abschmecken.
- Suppe in tiefen Tellern, mit Petersilie bestreut servieren.

Spargelcremesuppe

Zutaten

- 250 g weißer Spargel
- 900 ml Wasser (Spargelwasser und Brühe)
- 100 ml Sojasahne
- 40 g Mehl
- 1 Brühwürfel
- 1 TL Zitronensaft
- 1 TL Zucker
- 1 Prise Muskat
- 2 EL (Raps)Öl
- Salz zum Abschmecken
- Optional: 2 EL veganer Weißwein

Zubereitung

- Spargel schälen und in 3- 4 cm langer Stücke schneiden.
- Wasser in einen Topf aufkochen, leicht salzen und den Spargel gar kochen.

- Spargel abgießen und das Spargelwasser auffangen.
- Spargelwasser abmessen und bei Bedarf mit Wasser auffüllen, das es 900 ml ergibt.
- Öl in einem Topf erhitzen, Mehl zugeben und unter ständigem Rühren hellgelb anschwitzen.
- Flüssigkeit und Brühwürfel, (Optional Weißwein) zugeben, aufkochen und den Herd abschalten.
- Sojasahne zugeben und die Suppe 5 Minuten ziehen lassen.
- Spargel, Zucker, Muskat und Zitronensaft zugeben.
- Die Suppe kann jetzt nach Belieben püriert werden.
- Mit Salz und Pfeffer abschmecken und in tiefen Tellern servieren.

Zwiebelsuppe

Zutaten

- 6 Zwiebeln
- 1 EL Mehl
- 1000 ml warme Gemüsebrühe
- 250 ml veganer Weißwein
- 80 g Butter
- 4 (etwa 2 cm dicke) Scheiben Baguette
- 100 g geriebener Käse
- 1 TL Zucker
- 1 TL Paprikapulver
- ½ TL Salz
- ¼ TL Pfeffer

Zubereitung

- Zwiebel in feine Ringe schneiden.

- 50 g Butter in einem Topf erhitzen und Zwiebeln glasig andünsten.
- Mit Mehl bestreuen und mit Salz, Pfeffer und Zucker würzen.
- Unter ständigem Rühren kurz anbraten lassen.
- Gemüsebrühe und Weißwein zugeben, aufkochen und 20 Minuten leicht köcheln lassen.
- Restliche Butter in einer Pfanne erhitzen und Baguette knusprig braun braten.
- Backofen auf 200 Grad Umluft vorheizen.
- Zwiebelsuppe in 4 feuerfeste Schälchen füllen, Baguette auf die Suppe legen, mit geriebenen Käse und Paprikapulver bestreuen.
- Zwiebelsuppe im Backofen goldbraun überbacken und gleich servieren.

Tofusuppe

Zutaten

- 100 g Räuchertofu
- 150 Champignons
- 3 Karotten
- 1 Bund Frühlingszwiebel
- 2 Knoblauchzehe
- 1100 ml heiße Gemüsebrühe
- 3 EL veganer Weißwein
- 3 EL Sojasauce
- 1 Prise Ingwer
- 1 TL Agavendicksaft
- ½ TL Pfeffer
- ½ TL Zitronensaft
- 2 EL (Raps)Öl

Zubereitung

- Champignons in Scheiben schneiden, Karotte und Frühlingszwiebel in feine Scheiben schneiden und Knoblauchzehe pressen.
- Tofu abtrocknen und in kleine Würfel schneiden.
- Einen Topf mit Öl erhitzen und Tofu goldbraun anbraten.
- Knoblauch zugeben und kurz mit anbraten.
- Restliches Gemüse zugeben und unter ständigem Rühren 3 Minuten weiter braten.
- Gemüsebrühe und Wein zugeben und 20 Minuten köcheln lassen.
- Restliche Zutaten zugeben und 5 Minuten ziehen lassen.

Minestrone

Zutaten

- 1000 ml Gemüsebrühe
- 700 g Gemüse nach Wahl (z.b. Kartoffel, Karotte, Tomaten usw.)
- 1 Zwiebel
- 1 TL Salz
- 3 EL Olivenöl
- 120 g kleine italienische Hartweizennudeln

Zum Servieren:

- 6 TL Olivenöl

Zubereitung

- Zwiebel und Gemüse klein hacken.
- Öl in einem Topf erhitzen und Zwiebel darin glasig anbraten.
- Gemüsebrühe und Gemüse zugeben.
- Aufkochen und die Suppe 20 Minuten bei niedriger Hitze köcheln lassen.

- Salz und Nudeln zugeben.
- Zeit gemäß Packungsangabe der Nudeln kochen lassen.
- Minestrone in tiefe Teller geben und mit Öl beträufeln.

Kastaniensuppe

Zutaten

- 250 g Kastanienpüree
- 1 Zwiebel
- 300 ml Gemüsebrühe
- 250 ml Sojasahne
- 2 EL (Raps)Öl
- Salz und Pfeffer zum Abschmecken.

Zubereitung

- Zwiebel fein hacken.
- Öl in einem Topf erhitzen und Zwiebel glasig anbraten.
- Gemüsebrühe zugeben und Kastanienpüree einrühren.
- Suppe für etwa 15 Minuten köcheln lassen.
- Sojasahne zugeben und 5 Minuten ziehen lassen.
- Mit Salz und Pfeffer abschmecken und in tiefen Tellern servieren.

Butternuss-Suppe

Zutaten (4 Portionen)

- 1 Butternusskürbis
- 1 Dose Kokosmilch
- Wasser nach Bedarf
- 1 Zwiebel
- 2 Knoblauchzehen
- 1 EL Kurkuma
- 1 TL Kreuzkümmel
- 2 EL Kokosöl
- Salz und Pfeffer zum Abschmecken

Zubereitung

- Kürbis vierteln, schälen, entkernen und in Würfel schneiden.
- Zwiebel klein hacken, Knoblauchzehe pressen.
- Öl in einem großen Topf erhitzen und die Zwiebel darin glasig dünsten.

- Restliche Zutaten zugeben.
- Mit Wasser auffüllen, bis alles bedeckt ist.
- Aufkochen und dann bei kleiner Stufen 30 Minuten köcheln lassen.
- Nochmal Abschmecken und dann in tiefen Tellern servieren.

Tomatensuppe

Zutaten

- 1000 g Tomaten
- etwas Wasser zum Kochen
- 2 Zwiebeln
- 2 Prisen Zucker
- Salz zum Abschmecken.

Zubereitung

- Tomaten vierteln und Stielansatz entfernen, Zwiebeln fein hacken.
- Tomaten und Zwiebel in einem Topf, mit etwas Wasser auf kleiner Stufe, eine Stunde köcheln lassen.
- Die Suppe mit einem Pürierstab pürieren und nochmals aufkochen.
- Zucker zugeben und mit Salz abschmecken.

Karottensuppe

Zutaten

- 500 g Karotten
- 1 Zwiebel
- 1 Knoblauchzehe
- 1000 ml warme Gemüsebrühe
- 150 ml Sojasahne
- 2 EL (Raps)Öl
- 1 TL Paprikapulver
- Salz und Pfeffer zum Abschmecken.

Zubereitung

- Karotten schälen und waschen und in kleine Stücke schneiden.
- Zwiebel fein hacken, Knoblauchzehe pressen.
- Öl in einer hohen Pfanne erhitzen und Zwiebel mit Knoblauch 3 Minuten darin anbraten.

- Gemüsebrühe und Karotten zugeben und solange köcheln lassen bis die Karotten weich sein.
- Die Suppe mit einem Pürierstab pürieren.
- Sojasahne und Paprikapulver zugeben und 5 Minuten ziehen lassen.
- Mit Salz und Pfeffer abschmecken und in tiefen Tellern servieren.

Rote Bete Suppe

Zutaten

- 600 g Rote Bete (geschälte ca. 400g)
- 5 Kartoffeln
- 4 Karotten
- 1 Sellerie
- 1 Zwiebel
- 1000 ml warme Gemüsebrühe
- 2 EL (Raps)Öl
- Optional: 1 EL Meerrettich (aus dem Glas)
- Salz und Pfeffer zum Abschmecken.

Zubereitung

- Rote Bete, Kartoffel, Karotten und Sellerie in kleine Stücke schneiden.
- Zwiebel fein hacken.
- Öl in einer hohen Pfanne erhitzen und Zwiebel glasig anbraten.

- Das klein geschnittene Gemüse zugeben und 3 Minuten, unter ständigem Rühren anbraten.
- Gemüsebrühe zugeben, aufkochen und solange köcheln lassen bis die Kartoffel und Karotten weich sein.
- Die Suppe mit einem Pürierstab pürieren.
- Mit Salz und Pfeffer abschmecken.
- Optional noch mit Meerrettich abschmecken.

Buchweizen - Paprikasuppe

Zutaten

- 100 g Buchweizen
- 300 g Kartoffeln
- 1 (rote) Paprika
- 1 Karotten
- 1 Zwiebel
- 1000 ml warme Gemüsebrühe
- 250 ml Sojasahne
- 2 EL (Raps)Öl
- Salz zum Abschmecken.

Zubereitung

- Kartoffeln schälen und waschen und in kleine Stücke schneiden.
- Zwiebel fein hacken, Paprika und Karotte in kleine Stücke schneiden.

- Öl in einer hohen Pfanne erhitzen und Zwiebel, Paprika und Karotte 3 Minuten darin anbraten.
- Gemüsebrühe, Buchweizen und Kartoffel zugeben und 30 Minuten bei mittlerer Hitze köcheln lassen.
- Sojasahne zugeben und nochmals 10 Minuten köcheln lassen.
- Mit Salz abschmecken und in tiefen Tellern servieren.

Kalte Suppen

Wassermelonen - Tomatensuppe

Zutaten

- 1,5 kg Wassermelone
- 4 Tomaten
- 1 Stück Gurke, etwa 10 cm
- 2 Frühlingszwiebel
- 600 ml Wasser
- 1 EL Minze
- Salz und Pfeffer zum Abschmecken.

Zubereitung

- Wassermelonenfruchtfleisch entkernen und in Stücke schneiden.
- Nur die grünen Teile der Frühlingszwiebeln verwenden.
- Wassermelone, Tomaten, Gurke, Frühlingszwiebeln in eine hohe Schüssel geben und mit einem Pürierstab pürieren.

- Mit Salz und Pfeffer abschmecken und über Nacht in den Kühlschrank stellen.
- In tiefen Tellern, mit Minze garniert servieren.

Gazpacho

Zutaten

- 850 ml Tomatensaft
- 1 Zwiebel
- ½ mittelgroße Gurke
- ½ grüne Paprikaschote
- ½ rote Paprikaschote
- 3 Tomaten
- 2 Knoblauchzehen
- 6 Scheiben Weißbrot
- 6 EL Olivenöl
- 3 EL Weißweinessig
- ½ TL Zucker
- 1 TLSalz
- 1 TL Pfeffer

Zubereitung

- Die Knoblauchzehen pressen und einzeln beiseite stellen.

- Gemüse fein hacken und mit einer Knoblauchzehe in eine Schüssel geben.
- Tomatensaft, Essig, Öl, Zucker, Salz und Pfeffer zugeben und gut verrühren.
- Gemüsesuppe mit einem Pürierstab pürieren und kaltstellen.
- Backofen auf 180 Grad C vorheizen.
- Das Weißbrot in 1 cm Würfel schneiden.
- Öl mit der zweiten Knoblauchzehe mischen und über das gewürfelte Weißbrot geben.
- Weißbrot auf ein mit Backpapier ausgelegtes Backblech geben und 10 Minuten goldbraun backen. Gelegentlich umrühren.
- Die kalte Gemüsesuppe in tiefe Teller füllen und mit den Weißbrotwürfeln bestreuen.

Paprika Kaltschale

Zutaten (2 Portionen)

- 4 Paprika
- 2 EL Tomatenmark
- 4 EL Olivenöl
- 2 EL Balsamico
- 2 TL Paprikapulver
- 2 Knoblauchzehen
- 1 Zwiebel
- 500 ml Gemüsebrühe
- 500 ml Tomatensaft
- Salz und Pfeffer zum Abschmecken.

Zubereitung

- Paprika in Würfel schneiden. Zwiebel und Knoblauch klein hacken.
- Das Gemüse in einem Topf glasig andünsten.

- Gemüsebrühe, Tomatenmark, Paprikapulver und Balsamico zugeben und aufkochen.
- Auf mittlerer Stufe 10 Minuten köcheln lassen.
- Mit einem Pürierstab die Suppe pürieren.
- Tomatensaft einrühren und mit Salz und Pfeffer abschmecken.
- Suppe abkühlen lassen.
- In tiefen Tellern servieren.

Avocado - Mandelsuppe

Zutaten

- 2 reife Avocados
- 100 g gemahlene Mandeln
- 1 Selleriestange
- 1 Karotte
- 1 Zwiebel
- 4 Knoblauchzehe
- 1 Lorbeerblatt
- 600 ml Wasser
- 2 EL Zitronensaft
- Salz zum Abschmecken.
- 1 EL Schnittlauch zum Garnieren

Zubereitung

- Karotten reiben, Sellerie und Zwiebel fein hacken, Knoblauchzehe pressen.

- Wasser, Sellerie, Karotte, Zwiebel, Lorbeerblatt und Knoblauch in einen großen Topf geben und aufkochen.
- Etwas Salz zugeben und 30 Minuten, bei geringer Hitze köcheln lassen.
- Die Suppe abgießen und die Kochflüssigkeit auffangen.
- Das Lorbeerblatt entfernen, dann das Gemüse mit einem Pürierstab pürieren.
- Kochflüssigkeit und Mandeln zugeben und gut durchrühren.
- Die Suppe abkühlen lassen.
- Avocados halbieren, entkernen und das Fruchtfleisch in einen Mixer geben.
- Die kalte Suppe nach und nach zugeben und mixen.
- Falls die Suppe zu dickflüssig ist, etwas Wasser zugeben und vermixen.
- Zitronensaft zugeben und mit Salz abschmecken.
- Mit Schnittlauch garnieren und in tiefen Tellern servieren.

Eintöpfe

Borschtsch

Zutaten

- 400 g Weißkohl
- 400 g Rote Bete
- 400 g vorwiegend festkochende Kartoffeln
- 200 g Räuchertofu
- 2 Zwiebeln
- 2 Knoblauchzehen
- 1 EL vegane Butter
- 1 TL Tomatenmark
- 800 ml Gemüsebrühe
- 200 g Pizzatomaten
- 1 TL Paprikapulver
- 1 TL Kümmel
- 4 EL Sojasahne
- 2 EL Zitronensaft
- Salz, Pfeffer und Essig zum Abschmecken

Zubereitung

- Zwiebeln und Kohl in feine Streifen schneiden und Knoblauch pressen.
- Butter in einem großen Topf zerlassen.
- Zwiebeln, Kohl und Knoblauch bei mittlerer Hitze 4 Minuten darin dünsten.
- Tomatenmark zugeben und unter Rühren kurz dünsten.
- Mit Brühe und Tomaten aufgießen, mit Paprikapulver und Kümmel würzen und zugedeckt bei mittlerer Hitze 20 Minuten kochen.
- Rote Bete und Kartoffeln schälen und in 1 cm breite Streifen schneiden.
- Beides zum Kohl geben und weitere 25 Minuten garen.
- Tofu würfeln, zugeben und 5 Minuten köcheln lassen.
- Eintopf mit Salz, Pfeffer, Zitronensaft und Essig abschmecken.
- Mit Sojasahne servieren.

Kürbiseintopf

Zutaten

- 1 Hokaido-Kürbis
- 600 ml heiße Gemüsebrühe
- 100 g Räuchertofu
- 100 g Reis
- 150 g Champignons
- 2 Kartoffeln
- 2 Karotten
- 1 rote Paprikaschote
- 1 Stange Porree
- 1 Zwiebel
- 1 TL Kurkuma
- 2 EL (Raps)Öl
- 2 EL frische Petersilie zum Bestreuen
- Salz und Pfeffer zum Abschmecken

Zubereitung

- Gemüse und Räuchertofu in kleine Würfel schneiden.
- Vom Kürbis oben einen Deckel herausschneiden und das Fruchtfleisch durch die Öffnung herausholen.
- Das Fruchtfleisch entkernen und in kleine Würfel schneiden.
- Öl in einer großen Pfanne erhitzen und Zwiebeln mit Räuchertofu bei mittlerer Hitze 4 Minuten darin dünsten.
- Kartoffeln, Karotte, Poree, Paprika und Champignons zugeben und kurz dünsten.
- Reis zugeben und kurz anbraten lassen.
- Mit Brühe aufgießen und zugedeckt bei mittlerer Hitze 20 Minuten kochen.
- 10 Minuten ziehen lassen.
- Kurkuma zugeben und mit Salz und Pfeffer, abschmecken.
- Eintopf in den ausgehöhlten Kürbis füllen, mit Petersilie bestreuen und mit geschlossenem Deckel servieren.

Bigos (Kohleintopf mit Tofu)

Zutaten (4 Personen)

- 400 g Naturtofu
- 1 kleiner Kopf Weißkohl
- 400 g Champignons
- 1 Sauerkraut-Päckchen
- 1 Zwiebel
- 1 ½ Tuben Tomatenmark
- 2 Lorbeerblätter
- 4 Wacholderbeeren
- 1 EL Gemüsebrühe
- 1 TL Paprikapulver
- Salz und Pfeffer zum Abschmecken
- 4 EL (Raps)Öl zum Anbraten

Beilage: Brot

Zubereitung

- Tofu mit Küchenpapier gut trocknen und in Würfel schneiden.
- Weißkohl in feine Streifen schneiden, Champignons und Zwiebel klein schneiden.
- 2 EL Öl in einem Topf erhitzen und darin Weißkohl, Sauerkraut, Lorbeerblätter und Wacholderbeeren anschwitzen, bis der Weißkohl bissfest ist.
- Restliches Öl in einer Pfanne erhitzen.
- Zwiebel, Champignons darin 5 Minuten, bei mittlerer Hitze anbraten.
- Tofu, Gemüsebrühe und Gewürze zugeben und solange braten bis der Tofu goldbraun wird.
- Wenn der Weißkohl bissfest ist, das Tomatenmark unterrühren und die Tofu-Pfanne mit in den Topf geben und gut vermischen. Mit Brot servieren.
- Am besten schmeckt Bigos übrigens, wenn es einen Tag durchgezogen ist und nochmals erhitzt wird.

Veganer Hackfleischtopf

Zutaten

- 150 g Sojagranulat
- 2 Zwiebeln
- 2 Stangen Lauch
- 1000 ml Gemüsebrühe
- 250 ml Sojasahne
- 5 EL Tomatenmark
- 1 EL Senf
- 1 TL Paprika
- 1 TL Zucker
- 1 TL Salz
- 3 Prisen Pfeffer
- 1 EL (Oliven)Öl

Beilage: Brot

Zubereitung

- Das Sojagranulat nach Packungsanweisung zubereiten.
- Zwiebel klein würfeln und Lauch in Streifen schneiden.
- Öl in einer Pfanne erhitzen und Zwiebel darin glasig anbraten.
- Abgetropftes Sojagranulat, Lauch, Tomatenmark, Gemüsebrühe, Senf und Gewürze hinzugeben.
- 15 Minuten köcheln lassen und dabei mehrfach rühren.
- Sojasahne unterrühren, Herd abdrehen und noch 5 Minuten ziehen lassen.
- In vorgewärmten Tellern servieren und Brot dazu reichen.

Grünkohleintopf

Zutaten

- 500 g Grünkohl (+ Salzwasser zum Kochen)
- 5 Kartoffeln
- 3 Karotten
- 3 Zwiebeln
- 1 Chilischote
- 400 ml Gemüsebrühe
- 400 ml Kokosmilch
- 2 EL feine Haferflocken
- 1 TL Zucker
- 2 EL (Raps)Öl
- Salz und Pfeffer zum Abschmecken

Zubereitung

- Grünkohl waschen, abtrocknen, Strunk abtrennen und in kleine Stücke zupfen.

- Wasser in einem Topf aufkochen lassen, etwas salzen und Grünkohl für 5 Minuten darin kochen. Im Sieb abtropfen lassen.
- Zwiebel klein würfeln und Chilischote in kleine Ringe schneiden.
- Kartoffel und Karotten klein würfeln.
- Öl in einer Pfanne erhitzen und Zwiebel mit Chili darin glasig andünsten.
- Grünkohl hinzugeben und unter ständigem Rühren, bei geringer Hitze 5 Minuten anbraten.
- Gemüsebrühe zugeben und für 10 Minuten köcheln lassen.
- Kokosmilch, Kartoffel, Karotten, Haferflocken und Zucker unterrühren und für 45 Minuten köcheln lassen. Dabei gelegentlich umrühren.
- Mit Salz und Pfeffer abschmecken und in vorgewärmten Tellern servieren.

Tomaten - Reiseintopf

Zutaten

- 6 Tomaten
- 100 g Langkornreis (+ Salzwasser)
- 1 Bund Lauchzwiebeln
- 1000 ml Gemüsebrühe
- 3 EL Tomatenmark
- 2 EL (Raps)Öl
- 2 EL Petersilie zum Garnieren
- Salz und Pfeffer zum Abschmecken

Zubereitung

- Reis in kochendes Salzwasser geben und zugedeckt bei schwacher Hitze 20 Minuten quellen lassen.
- Lauchzwiebeln in Ringe schneiden. Tomaten vierteln.
- Öl in einem Topf erhitzen und Lauchzwiebeln darin andünsten.
- Tomaten und Tomatenmark zugeben und 2 Minuten mitdünsten.

- Gemüsebrühe zugeben und für 10 Minuten köcheln lassen.
- Gekochten Reis zugeben und mit Salz und Pfeffer abschmecken.
- Eintopf in Teller anrichten und mit Petersilie garnieren.

Tomaten - Nudeleintopf

Zutaten

- 400 g passierte Tomaten
- 350 g Hartweizennudeln (Empfehlung: Spaghetti)
- 1 Zwiebel
- 3 Knoblauchzehen
- 900 ml Gemüsebrühe
- 3 EL Tomatenmark
- 1 EL Balsamico
- 1 TL Basilikum
- 5 EL (Raps)Öl
- 1 EL Agavendicksaft
- Salz und Pfeffer zum Abschmecken

Zubereitung

- Sollten Spaghetti verwendet werden, empfehle ich diese in der Mitte auseinanderzubrechen.
- Zwiebel und Knoblauchzehen klein hacken.

- Öl in einem Topf erhitzen und Zwiebel mit Knoblauch darin andünsten.
- Restliche Zutaten zugeben, aufkochen und für 20 Minuten, unter gelegentlichem Umrühren leicht köcheln lassen.
- Wenn das Wasser aufgesogen ist mit Salz und Pfeffer abschmecken.

Tomaten-Linsen Eintopf

Zutaten

- 2 Dosen (je 400g) geschälte Tomaten
- 200 g Zwiebeln
- 400 g Auberginen
- 250 g rote Linsen
- 3 Knoblauchzehen
- 1 EL Kreuzkümmel
- 5 El Olivenöl
- 1 TL Zimt
- 1 rote Chilischote
- 1 TL Zucker
- 500 ml Gemüsebrühe
- 2 Prisen Pfeffer
- 3 Frühlingszwiebeln
- 5 Stiele Petersilie
- 1 TL Zitronensaft
- evtl. etwas Salz

Zubereitung

- Zwiebeln und Knoblauch fein schneiden.
- 2 EL Olivenöl in einem großen Topf erhitzen.
- Zwiebeln und Knoblauch darin glasig dünsten.
- Zimt, Kreuzkümmel und Chilischote zugeben und kurz mitdünsten.
- 1 TL Zucker zugeben und leicht karamellisieren lassen.
- Gemüsebrühe und geschälte Tomaten zugeben und mit Pfeffer würzen.
- Sauce offen 20 Minuten bei mittlerer Hitze einkochen lassen.
- Inzwischen die Aubergine putzen und in 2 cm dicke Würfel schneiden.
- Restliches Olivenöl in einer Pfanne erhitzen und die Aubergine auf allen Seiten anbraten.
- Linsen im Sieb abspülen und abtropfen lassen.
- Linsen zur Sauce geben und zugedeckt 20 Minuten garen.
- Auberginen 5 Minuten vor Ende der Garzeit zugeben.
- Frühlingszwiebeln putzen und in feine Ringe schneiden.
- Petersillienblätter abzupfen und grob hacken.

- Eintopf mit Salz, Pfeffer, Zucker und Zitronensaft abschmecken.
- Mit Frühlingszwiebeln und Petersilie servieren.

Champignoneintopf

Zutaten

- 250 g Champignons
- 300 g passierte Tomaten
- 300 g Hartweizennudeln
- 1 Zwiebel
- 1 Knoblauchzehe
- 700 ml Gemüsebrühe
- 3 EL Tomatenmark
- 1 TL Oregano
- 2 EL (Raps)Öl
- Salz und Pfeffer zum Abschmecken

Zubereitung

- Champignons putzen und vierteln
- Zwiebel und Knoblauchzehe fein hacken.
- Öl in einem Topf erhitzen und Zwiebel mit Knoblauch darin andünsten.

- Restliche Zutaten zugeben und Aufkochen.
- Eintopf für etwa 20 Minuten leicht köcheln lassen. Dabei gelegentlich Umrühren.
- Wenn die Flüssigkeit fast ganz aufgesogen ist, mit Salz und Pfeffer abschmecken.

Kichererbseneintopf

Zutaten

- 1 Dose Kichererbsen
- 1 Dose gehackte Tomaten
- 4 Kartoffeln
- 2 Karotten
- 1 Zucchini
- 100 g Mais
- 1 Zwiebel
- 2 Knoblauchzehe
- 1000 ml Gemüsebrühe
- 2 Prisen Ingwer
- 2 Prisen Muskat
- 2 Prisen Cayennepfeffer
- 1 EL Paprikapulver
- 1 TL Oregano
- 2 EL (Raps)Öl
- Salz und Pfeffer zum Abschmecken

- Petersilie zum Garnieren

Zubereitung

- Kichererbsen gut abwaschen und abtropfen lassen.
- Zwiebel klein hacken, Knoblauchzehen pressen und Gemüse klein würfeln.
- Öl in einen großen Topf erhitzen und Zwiebel mit Knoblauch glasig anbraten.
- Tomatenmark zugeben und kurz anbraten.
- Mit Gemüsebrühe ablöschen.
- Tomaten, Kartoffel, Zucchini und Karotten zugeben.
- Bei mittlerer Hitze 30 Minuten köcheln lassen.
- Wenn das Gemüse bissfest ist, Kichererbsen, Mais und Gewürze zugeben und 10 Minuten köcheln lassen.
- Mit Salz und Pfeffer abschmecken und mit Petersilie garnieren.

Tofu - Reiseintopf

Zutaten

- 300 g Räuchertofu
- 250 g Langkornreis
- 2 Zwiebeln
- 1 Knoblauchzehe
- 500 ml Gemüsebrühe
- 2 EL Tomatenmark
- 1 Lorbeerblatt
- 2 Prisen Majoran
- 1 EL Essig
- 3 EL Paprikapulver
- 2 EL (Raps)Öl
- 2 EL Schnittlauch zum Garnieren
- Salz und Pfeffer zum Abschmecken

Zubereitung

- Räuchertofu gut abtrocknen und klein würfeln.

- Zwiebeln und Knoblauch fein hacken.
- Öl in einem Topf erhitzen und Zwiebeln darin glasig andünsten.
- Tofu zugeben und goldbraun anbraten.
- Reis zugeben und glasig anbraten.
- Tomatenmark und Paprikapulver zugeben und kurz anbraten.
- Mit Gemüsebrühe ablöschen.
- Essig, Majoran und Lorbeerblatt zugeben und für 20 Minuten, zugedeckt köcheln lassen.
- Mit Salz und Pfeffer abschmecken.
- Eintopf in Teller anrichten und mit Schnittlauch garnieren.

Ratatouille

Zutaten

- 5 Tomaten
- 2 Auberginen
- 1 Zucchini
- 3 Paprika
- 2 Zwiebeln
- 2 Knoblauchzehen
- 1 TL Thymian
- 1 TL Petersilie
- 1 TL Basilikum
- 2 Prisen Pfeffer
- 1 EL (Oliven)Öl

Beilage: Baguette oder Nudeln, Optional noch Hefeflocken

Zubereitung

- Knoblauchzehen pressen, Zwiebel klein würfeln und restliches Gemüse in 2 cm breite Stücke schneiden.
- Öl in einem Topf erhitzen.
- Zwiebel und Knoblauch glasig anbraten.
- Tomaten, Paprika und alle Gewürze zugeben und für 10 Minuten bei mittlerer Stufe, unter gelegentlichem Umrühren, dünsten.
- Auberginen und Zucchini zugeben und unter gelegentlichem Umrühren, weitere 15 Minuten dünsten.
- Mit einer Beilage nach Wahl servieren.
- Optional mit Hefeflocken bestreuen.

Chili sin Carne

Zutaten

- 2 Dosen Kidneybohnen
- 400 g Tofu Natur
- 1 Dose Mais
- 1 Paprika
- 1 Zwiebel
- 4 EL Tomatenmark
- 2 EL (Raps)Öl
- ein wenig Gemüsebrühe nach Belieben
- Optional: ein Stück Zartbitterschokolade
- Salz, Pfeffer, Paprikapulver und Chilipulver

Zubereitung

- Zwiebel und Paprika schälen und klein würfeln.
- Tofu mit Küchenpapier abtrocknen und klein würfeln.
- Öl in einem Topf erhitzen.

- Tofu und die Zwiebel 5 Minuten lang bei geschlossenem Deckel anbraten lassen.
- Paprikawürfel hinzu geben und kurz mitbraten.
- Abgetropfte Kidneybohnen und abgetropften Mais hinzugeben und das Tomatenmark einrühren.
- Nach und nach wird das Ganze mit etwas Gemüsebrühe so aufgefüllt, dass es die typische Konsistenz von Chili erreicht.
- Optional ein Stück Zartbitterschokolade zugeben.
- Mit Salz, Pfeffer, Paprikapulver und Chilipulver abschmecken.
- Nach dem Abschmecken wird das Chili erneut aufgekocht.

Pichelsteiner

Zutaten

- 40 g Soja Würfel (Trockenprodukt)
- 400 g Kartoffel
- 200 g Kohlrabi
- 200 g Karotten
- 200 g Sellerie
- 1 Stange Lauch
- 1 Zwiebel
- 3 EL (Raps)Öl
- 1000 ml Gemüsebrühe
- 2 Prisen Muskat
- Salz und Pfeffer zum Abschmecken
- 4 EL Petersilie zum Garnieren

Zubereitung

- Zwiebel klein hacken und Gemüse in kleine Würfel oder Scheiben schneiden.

- Sojawürfel in der Gemüsebrühe aufkochen und 10 Minuten ziehen lassen.
- Sojawürfel mit einem Sieb aus der Gemüsebrühe nehmen.
- Gemüsebrühe beiseite stellen.
- Öl in einem Topf erhitzen.
- Im Topf Zwiebel, Lauch, Kartoffel, Kohlrabi, Sellerie, Karotten und Sojawürfel schichtweise zugeben.
- Jede Schicht leicht mit Salz, Pfeffer und Muskat würzen.
- Mit Gemüsebrühe übergießen, bis das Gemüse zu ¾ bedeckt ist.
- Zugedeckt für 30 Minuten, bei mittlerer Hitze köcheln lassen. Dabei nicht umrühren!
- Wenn die Kartoffeln bissfest sind, umrühren und mit Petersilie garniert servieren.

Kohlrabi-Kartoffelgemüse

Zutaten

- 1 kg Kohlrabi
- 2 Karotten
- 2 Kartoffeln
- 100 ml Sojasahne
- 1 TL Salz
- 3 Prisen Pfeffer
- 3 Prisen Muskat
- 1 TL Gemüsebrühe
- 3 EL vegane Butter
- Wasser zum Kochen

Zubereitung

- Kohlrabi, Kartoffeln und Karotten in Würfel schneiden.

- Das Gemüse mit dem Salz in einem Topf mit Wasser weichkochen.
- Das Wasser abgießen.
- Mit restlichen Zutaten vermengen und pürieren.

Quinoa- Eintopf

Zutaten

- 50 g rote Quinoa (+250 ml Wasser)
- 150 g Tomaten (frisch oder passiert)
- 5 getrocknete Tomaten
- 200 ml Kokosmilch
- 1 Zucchini
- 1 Paprika
- 1 Knoblauchzehe
- 2 EL Röstzwiebeln
- 2 EL Ajvar
- 2 EL Tomatenmark
- 2 EL Paprikapulver
- 1 TL Oregano
- 1 TL Gemüsebrühe
- Salz und Pfeffer zum Abschmecken

Zubereitung

- Knoblauchzehe pressen und Gemüse klein würfeln.
- Quinoa mit Wasser in einen großen Topf geben und 10 Minuten kochen lassen.
- Alle Zutaten, außer Tomaten und getrocknete Tomaten, zugeben und bei mittlerer Hitze 5 Minuten köcheln lassen.
- Tomaten und getrocknete Tomaten zugeben und für 20 Minuten köcheln lassen.
- Mit Salz und Pfeffer abschmecken.

Asia - Eintopf

Zutaten

- 50 g Erdnüsse (am besten ungesalzene)
- 1 rote Paprika
- 1 gelbe Paprika
- 2 Zwiebeln
- 2 Karotten
- 2 Zucchini
- 150 g Brokkoliröschen
- 150 g Champignons
- ½ TL Chilipulver
- 1 EL Reisessig
- 2 EL Zucker
- 2 EL Sojasoße
- 2 EL (Raps)Öl

Zubereitung

- Zwiebeln in Ringe schneiden, Champignons in Scheiben schneiden, Restliches Gemüse klein würfeln.
- Öl in einem Wok I(oder einer großen Pfanne) erhitzen und Zwiebeln mit Karotten darin 2 Minuten glasig anbraten.
- Brokkoli, Zucchini und Paprika zugeben und bei mittlerer Hitze 5 Minuten, unter gelegentlichem Rühren, anbraten.
- Erdnüsse, Champignons, Zucker, Sojasoße und Reisessig zugeben und weitere 5 Minuten anbraten.
- Mit Reis oder Brot servieren.

Graupeneintopf

Zutaten

- 300 g Graupen
- 800 ml Gemüsebrühe
- 50 g vegane Creme fraiche
- 2 Karotten
- 2 Paprika
- 1 Zwiebel
- 1 Knoblauchzehe
- 3 EL (Raps)Öl
- 2 Prisen Muskat
- Schnittlauch zum Garnieren
- Salz und Pfeffer zum Abschmecken

Zubereitung

- Zwiebel und Knoblauch klein hacken.
- Karotte fein würfeln. Paprika in Streifen schneiden.
- Öl in einem Topf erhitzten und das Gemüse darin glasig anbraten.
- Gemüsebrühe und Graupen zugeben und bei mittlerer Stufe, 25 Minuten köcheln lassen.
- Creme fraiche und Muskat einrühren.
- Mit Salz und Pfeffer abschmecken.
- Herd abdrehen und 5 Minuten ziehen lassen.
- In tiefen Tellern servieren.

Brokkoli-Eintopf

Zutaten

- 500 g Brokkoli
- 5 Kartoffel
- 2 Paprika
- 1 Zwiebeln
- 1 Knoblauchzehe
- 300 ml Pflanzendrink
- 200 ml Gemüsebrühe
- 1 - 2 TL Sambal Oelek (je nach Geschmack)
- 2 EL (Raps)Öl
- Salz und Pfeffer zum Abschmecken

Zubereitung

- Brokkoli in kleine Röschen teilen. Es können auch Stiele verwendet werden.
- Kartoffel und Paprika klein würfeln.
- Zwiebeln und Knoblauch fein hacken.

- Öl in einem Topf erhitzen und Zwiebel mit Knoblauch darin glasig andünsten.
- Kartoffeln zugeben und 5 Minuten anbraten.
- Restliches Gemüse zugeben und kurz mit anbraten.
- Mit Gemüsebrühe und Pflanzendrink ablöschen und Sambal Oelek einrühren.
- Für 20 Minuten, zugedeckt köcheln lassen.
- Wenn die Kartoffel bissfest sind mit Salz und Pfeffer abschmecken.

Grünkern - Eintopf

Zutaten

- 100 g Grünkern
- 2 Kartoffeln
- 100 g Suppengemüse
- 1 Zwiebel
- 1 Knoblauchzehe
- 500 ml Gemüsebrühe
- 150 g Sojaahne
- 2 EL (Raps)Öl
- Salz und Pfeffer zum Abschmecken

Zubereitung

- Grünkern in der Gemüsebrühe für 20 Minuten köcheln lassen und mindestens 5 Stunden quellen lassen.
- Suppengemüse und Kartoffeln in kleine Würfel schneiden.
- Suppengemüse und Kartoffeln mit dem Grünkohl weichkochen.

- Zwiebel und Knoblauch fein hacken.
- Öl in einem Topf erhitzen, Zwiebel und Knoblauch darin glasig andünsten und zum Eintopf geben.
- Sojasahne einrühren, aufkochen und 5 Minuten ziehen lassen.
- Mit Salz und Pfeffer abschmecken.

Couscous - Eintopf

Zutaten

- 100 g Couscous
- 200 g Brokkoli
- 70 g Erbsen (TK)
- 2 Frühlingszwiebeln
- 1 Paprika
- 1 Karotte
- 1 Knoblauchzehe
- 200 ml Gemüsebrühe
- 1 EL Currypulver
- 1 TL Harissa
- 2 EL (Raps)Öl
- Salz und Pfeffer zum Abschmecken

Zubereitung

- Frühlingszwiebeln in Ringe schneiden.
- Brokkoli in Stücke schneiden und Röschen teilen.

- Paprika und Karotte in Würfel schneiden. Knoblauchzehe pressen.
- Öl in einem Topf erhitzen und Karotte, Paprika und Brokkoli 5 Minuten anbraten.
- Knoblauch, Erbsen, Harissa und Currypulver zugeben und kurz mit anbraten.
- Gemüsebrühe zugeben und aufkochen lassen und 10 Minuten bei mittlerer Hitze köcheln lassen.
- Couscous einrühren und aufkochen.
- Mit Salz und Pfeffer abschmecken.
- Herd abdrehen und Couscous - Eintopf 5 Minuten zugedeckt quellen lassen.
- Couscous lockern und mit den Frühlingszwiebeln bestreuen.

Spitzkohl-Eintopf

Zutaten

- 500 g Spitzkohl
- 4 Kartoffeln
- 1 Zwiebel
- 900 ml Gemüsebrühe
- 50 ml Sojasahne
- 1 EL Senf
- 1 TL gemahlenen Kümmel
- 1 EL Paprikapulver
- 2 EL (Raps)Öl
- Salz und Pfeffer zum Abschmecken

Zubereitung

- Spitzkohl in Streifen schneiden, Kartoffeln klein würfeln.
- Zwiebel fein hacken.
- Öl in einem Topf erhitzen und Zwiebel darin glasig andünsten.

- Spitzkohl, Kümmel und Paprikapulver zugeben.
- Solange unter häufigem Rühren anbraten, bis der Kohl eine schöne Farbe angenommen hat.
- Mit Gemüsebrühe ablöschen und aufkochen lassen.
- Auf mittlerer Stufe und für 15 Minuten, zugedeckt köcheln lassen.
- Kartoffeln zugeben und für weitere 20 Minuten zugedeckt köcheln lassen.
- Sojasahne einrühren und nochmals kurz aufkochen.
- Senf einrühren und mit Salz und Pfeffer abschmecken.

Amarant Eintopf

Zutaten

- 200 g Amarant
- 400 g Blumenkohl
- 200 g Hirse
- 1 Paprika
- 2 Karotten
- 2 Knoblauchzehen
- 2 Zwiebeln
- 900 ml Gemüsebrühe
- 1 TL Chilipulver
- 1 TL Kreuzkümmel
- 2 EL (Raps)Öl
- Salz und Pfeffer zum Abschmecken

Zubereitung

- Zwiebeln klein schneiden und Knoblauchzehen pressen.
- Blumenkohl in Röschen teilen.

- Paprika und Karotten in Würfel schneiden.
- Öl in einem Topf erhitzen und Zwiebeln glasig anbraten.
- Restliches Gemüse zugeben und kurz mit anbraten.
- Amarant und Hirse einrühren und leicht anbraten.
- Gemüsebrühe zugeben und aufkochen lassen und bei mittlerer Hitze köcheln lassen.
- Wenn die Hirse und der Amarant gar gekocht sind, Gewürze zugeben und mit Salz und Pfeffer abschmecken.
- In tiefen Tellern servieren.

Kohlrabieintopf

Zutaten

- 1 kg Kohlrabi
- 2 Karotten
- 2 Kartoffeln
- 100 ml Sojasahne
- 1 TL Salz
- 3 Prisen Pfeffer
- 3 Prisen Muskat
- 1 TL Gemüsebrühe
- 3 EL Butter
- Wasser zum Kochen

Zubereitung

- Kohlrabi, Kartoffeln und Karotten in Würfel schneiden.
- Das Gemüse mit dem Salz in einem Topf mit Wasser weichkochen.
- Das Wasser abgießen.

- Mit restlichen Zutaten vermengen und pürieren.
- Das Kohlrabigemüse kann als Beilage z.b. zu gekochten Kartoffeln serviert werden.

Linseneintopf

Zutaten

- 150 g rote Linsen
- 2 Dose gehackte Tomaten
- 1 kg Kartoffeln
- 2 Karotten
- 1 Zucchini
- 1 Paprika
- 1 Zwiebel
- 2 Knoblauchzehen
- 500 ml Gemüsebrühe
- 2 EL Tomatenmark
- 1 EL Ajvar
- 2 Prisen Muskat
- 1 EL Paprikapulver
- 1 TL Cayennepfeffer
- 1 EL Essig
- 2 EL (Raps)Öl

- Salz und Pfeffer zum Abschmecken

Zubereitung

- Linsen nach Packungsangabe zubereiten, gut abwaschen und abtropfen lassen.
- Zwiebel klein hacken, Knoblauchzehen pressen und Gemüse klein würfeln.
- Öl in einem großen Topf erhitzen und Zwiebel mit Knoblauch glasig anbraten.
- Paprika, Kartoffel, Zucchini und Karotten zugeben und 5 Minuten, unter häufigem Rühren mit anrösten.
- Mit Gemüsebrühe ablöschen, Tomaten zugeben und 15 Minuten köcheln lassen.
- Wenn die Kartoffeln bissfest sind Topf von Herd nehmen.
- Linsen, Gewürze, Essig, Tomatenmark und Ajvar untermischen.
- Mit Salz und Pfeffer abschmecken.
- Eine Stunde ziehen lassen und danach nochmal erhitzen.

Mangoldeintopf

Zutaten

- 1 Bund Mangold
- 200 g Tellerlinsen
- 1 Zwiebel
- 1000 ml Wasser
- 4 EL (Raps)Öl
- 1 TL Salz

Zubereitung

- Mangold gut waschen und in kleine Stücke schneiden. Tellerlinsen gut abwaschen.
- Zwiebel fein hacken.
- Öl in einem Topf erhitzen und Zwiebel darin glasig andünsten.
- Linsen zugeben und kurz mit anbraten.
- Wasser zugeben und Linsen eine Stunde gar kochen.
- Mangold zugeben und 15 Minuten köcheln lassen.

- Mit Salz und Zitronensaft abschmecken.
- Herd abdrehen und Eintopf 5 Minuten ziehen lassen.

Kokos - Gemüseeintopf

Zutaten

- 200 ml Kokosmilch
- 400 g TK Gemüse nach Belieben (Karotten, Brokkoli, Blumenkohl usw.)
- 100 g TK Blattspinat
- 300 ml Gemüsebrühe
- 1 EL (Raps)Öl
- 2 Prisen Muskat
- Salz und Pfeffer zum Abschmecken
- 1 EL Kokosraspeln zum Garnieren

Zubereitung

- Gemüsebrühe in einem großen Topf aufkochen und TK Gemüse zugeben.
- Öl und Muskat zugeben und für 15 Minuten, zugedeckt köcheln lassen.
- Kokosmilch zugeben und kurz aufkochen.
- Mit Salz und Pfeffer abschmecken.

- Herd abdrehen und Eintopf 5 Minuten ziehen lassen.
- Mit Kokosraspeln garniert, in tiefen Tellern servieren.

Wirsingeintopf

Zutaten

- 1 kleiner Wirsingkopf (ca. 500 g)
- 3 Kartoffeln
- 4 Karotten
- 1000 ml Gemüsebrühe
- 1 EL Kräutermischung nach Belieben
- 2 EL Petersilie zum Garnieren
- Salz und Pfeffer zum Abschmecken

Zubereitung

- Wirsing vierteln und den Strunk herausschneiden und kleinschneiden.
- Karotten in Scheiben schneiden. Kartoffeln in Würfel schneiden.
- Gemüsebrühe aufkochen, Kartoffeln zugeben und 5 Minuten kochen lassen.
- Wirsing und Karotten zugeben und bei mittlerer Hitze 15 Minuten köcheln lassen.

- Kräuter unterrühren.
- Mit Salz und Pfeffer abschmecken.
- Eintopf in Teller anrichten und mit Petersilie garnieren.

Buchweizen - Spitzkohleintopf

Zutaten

- 200 g Buchweizen
- 800 g Spitzkohl
- 4 Kartoffeln
- 2 Karotten
- 1 Zwiebel
- 900 ml Gemüsebrühe
- ½ TL Chilipulver
- Salz und Pfeffer zu Abschmecken

Zubereitung

- Spitzkohl in Streifen schneiden, Kartoffeln und Karotten kleine Würfel schneiden.
- Zwiebel fein hacken.
- Öl in einem Topf erhitzen und Zwiebel darin glasig andünsten.
- Restliches Gemüse zugeben und kurz mit anbraten.

- Gemüsebrühe zugeben und aufkochen.
- Chilipulver zugeben und 20 Minuten auf mittlerer Stufe köcheln lassen.
- Wenn die Kartoffel bissfest sind mit Salz und Pfeffer abschmecken.

Rote Bete-Eintopf

Zutaten

- 2 Rote Bete (vorgegarte)
- 400 g gekochte Kartoffeln
- 200 g Räuchertofu
- 200 g Erbsen (TK)
- 2 Paprika
- 1 Knoblauchzehe
- 250 ml Gemüsebrühe
- 2 EL Tomatenmark
- 2 EL Ajvar
- 2 EL (Raps)Öl
- 2 EL Schnittlauch zum Garnieren
- Salz und Pfeffer zum Abschmecken

Zubereitung

- Räuchertofu gut abtrocknen und klein würfeln.
- Knoblauch fein hacken. Gemüse klein würfeln.

- Öl in einem Topf erhitzen und Paprika, Tofu und Knoblauch darin anschwitzen.
- Tomatenmark und Rote Bete zugeben und kurz anbraten.
- Mit Gemüsebrühe zugeben und aufkochen.
- Erbsen, Kartoffeln und Ajvar zugeben und für 5 Minuten, zugedeckt leicht köcheln lassen.
- Mit Salz und Pfeffer abschmecken.
- Herd abdrehen und zugedeckt noch 5 Minuten ziehen lassen.
- Eintopf in Teller anrichten und mit Schnittlauch garnieren.

Pastinakeneintopf

Zutaten

- 200 g Pastinaken
- 200 g Süßkartoffeln
- 3 Karotten
- 500 ml Gemüsebrühe
- 2 Zwiebeln
- 1 Knoblauchzehe
- 1 Chilischote
- 1 TL Kurkuma
- ½ TL Ingwer
- ½ TL Koriander
- 2 EL (Raps)Öl
- 2 EL Petersilie zum Bestreuen
- Salz und Pfeffer zum Abschmecken

Zubereitung

- Pastinaken, Süßkartoffeln und Karotten klein würfeln.

- Zwiebel und Knoblauch klein hacken und Chilischote in kleine Ringe schneiden.
- Öl in einer Pfanne erhitzen und Zwiebel, Knoblauch mit Chili darin glasig andünsten.
- Gemüsebrühe und Gewürze zugeben und aufkochen lassen.
- Pastinaken, Süßkartoffel und Karotten zugeben und für 15 Minuten köcheln lassen.
- Wenn das Gemüse bissfest ist, mit Salz und Pfeffer abschmecken
- In tiefe Teller geben und mit Petersilie bestreuen.

Weißkohl-Eintopf

Zutaten

- 500 g Weißkohl
- 4 Kartoffeln
- 1 Zwiebel
- 900 ml Gemüsebrühe
- 50 ml Sojasahne
- 1 EL Senf
- 1 TL gemahlenen Kümmel
- 1 EL Paprikapulver
- 2 EL (Raps)Öl
- Salz und Pfeffer zum Abschmecken

Zubereitung

- Weißkohl in Streifen schneiden, Kartoffeln klein würfeln.
- Zwiebel fein hacken.
- Öl in einem Topf erhitzen und Zwiebel darin glasig andünsten.

- Weißkohl, Kümmel und Paprikapulver zugeben.
- Solange unter häufigem Rühren anbraten, bis der Kohl eine schöne Farbe angenommen hat.
- Mit Gemüsebrühe ablöschen und aufkochen lassen.
- Auf mittlerer Stufe und für 15 Minuten, zugedeckt köcheln lassen.
- Kartoffeln zugeben und für weitere 20 Minuten zugedeckt köcheln lassen.
- Sojasahne einrühren und nochmals kurz aufkochen.
- Senf einrühren und mit Salz und Pfeffer abschmecken.

Bohneneintopf

Zutaten

- 2 Dosen weiße Bohnen (425 ml)
- 1 Paprika
- 125 g Räuchertofu
- 2 Zwiebeln
- 1000 ml Gemüsebrühe
- 2 Prisen Chilipulver
- 2 EL (Raps)Öl
- Salz und Pfeffer zum Abschmecken

Zubereitung

- Bohnen in ein Sieb gießen und unter kaltem Wasser abspülen.
- Paprika in Stücke schneiden. Räuchertofu abtrocknen und in Würfel schneiden.
- Zwiebel klein würfeln.
- Öl in einer Pfanne erhitzen und Zwiebel darin glasig andünsten.

- Paprika zugeben und unter ständigem Rühren, bei geringer Hitze 3 Minuten anbraten.
- Gemüsebrühe zugeben und für 15 Minuten köcheln lassen.
- Bohnen, Chilipulver und Tofu zugeben und für 5 Minuten köcheln lassen. Dabei gelegentlich umrühren.
- Mit Salz und Pfeffer abschmecken und in vorgewärmten Tellern servieren.

Haftungsausschluss

Die Umsetzung aller enthaltenen Informationen, Anleitungen und Strategien dieses Buches erfolgt auf eigenes Risiko. Für etwaige Schäden jeglicher Art kann der Autor aus keinem Rechtsgrund eine Haftung übernehmen. Für Schäden materieller oder ideeller Art, die durch die Nutzung oder Nichtnutzung der Informationen bzw. durch die Nutzung fehlerhafter und/oder unvollständiger Informationen verursacht wurden, sind Haftungsansprüche gegen den Autor grundsätzlich ausgeschlossen. Ausgeschlossen sind daher auch jegliche Rechts- und Schadensersatzansprüche. Dieses Werk wurde mit größter Sorgfalt nach bestem Wissen und Gewissen erarbeitet und niedergeschrieben. Für die Aktualität, Vollständigkeit und Qualität der Informationen übernimmt der Autor jedoch keinerlei Gewähr. Auch können Druckfehler und Falschinformationen nicht vollständig ausgeschlossen werden. Für fehlerhafte Angaben vom Autor kann keine juristische Verantwortung sowie Haftung in irgendeiner Form übernommen werden.

Impressum

1. Auflage

Markus Mägerle, Am Kreisgraben 17, 93104 Riekofen

Printed in Poland
by Amazon Fulfillment
Poland Sp. z o.o., Wrocław

66302594R00125